주식쟁이 전도서

정상조 시인의 신앙과 주식 이야기

주식쟁이 전도傳導서

열린출판사

선다싱과 함께 읽는 지혜서

내가 보니 지혜가 우매보다 뛰어남이 빛이 어둠보다
뛰어남 같도다 지혜자는 그의 눈이 그의 머리 속에 있고
우매자는 어둠 속에 다니지만 그들 모두가 당하는 일이
모두 같으리라는 것을 나도 깨달아 알았도다 <전도서
2:13-14>

앞서 출간한 신앙과 주식에세이 『주식쟁이 아가서』에
서도 밝혔지만 나는 40여 년 주식과 신앙의 울타리에서
살아왔다.

또한 1999년 등단한 26년 차 시인으로서 주식과 글쓰
기를 병행하며 신앙과 문학 그리고 주식투자에 대한 특
별한 경험을 쌓았다. 아가서에 이어, 이번에는 전도서를
통해 주식투자에 대한 생각을 정리하게 되었다.

특히 인도의 성자 '선다싱의 예수님과 대화'와 함께 전
도서를 묵상하였다. 하나님을 영적 기둥으로 삼아 건강
한 경제활동을 할 수 있는 지혜를 깨닫고, 그 깨달음을
전도서와 함께 기술하였다.

하나님을 기뻐하며 일하는 자에게는 지혜와 지식을 주

시어 더 풍성하게 열매 맺게 하고 희락을 주시지만, 괴로워하며 일하는 자는 하나님을 기뻐하지 않은 죄로 인하여 그가 쌓아놓은 것까지 하나님을 기뻐하는 자에게 돌아가도록 하신다.

주식투자를 할 때 하나님을 기뻐하는 자에게는 지혜와 지식을 더하여 풍성한 수익이 나게 하겠지만, 두려워하며 투자하는 자에게는 애써 모은 수익까지 하나님을 기뻐하는 자의 수익이 되게 하신다는 것을 경험했다.

하나님은 인간의 자유의지에는 개입하지 않는다. 내가 복을 얻으려면, 내가 복이 있는 행동을 해야 한다. 하나님을 믿는다고 해도 자유의지가 잘못되면 복을 기대하는 것은 어리석은 것이다.

이러한 신앙과 주식에 대한 필자의 생각이 주식정보와 말씀을 동시에 듣고 생각하는 독자들에게 주식투자에 대한 신앙적 기준을 세우는데 도움이 되기를 기대하는 바이다.

끝으로 본문 중에 몇 군데는 각 챕터 주제와 관련된 영감을 담은 필자의 발표시 몇 편이 실려 있으니, 독자들께서 함께 감상해 주시길 바라는 바다.

2025년 가을에
주식쟁이 신앙인 정상조

■ 목차

제2부 - 지혜를 얻었으니

제4부 - 의심이 사라지려면

제1부

해는 뜨고 해는 지되

누가 인생을 헛되다 말하는가?

전도자가 이르되 헛되고 헛되며 헛되고 헛되니 모든
것이 헛되도다 <전도서 1:2>

누가 인생을 헛되다고 말하는가? 인생은 사랑이고, 찬
란이며, 기쁨이다. 들꽃을 보라. 겨울의 차디찬 흙 속에
씨앗으로 있을지라도, 잉태의 꿈을 꾸며 꽃을 그린다.

인생은 아름다움 안에서 날마다 꿈을 잉태한다. 인생
은 헛된 것이 없다. 사랑의 가치가 보석처럼 빛나기에
삶은 빛으로 기뻐할 뿐 아니라 헛되지 않다. 돈을 목적
으로 삼는 삶이 바로 헛된 것이다.

주식투자를 통해서 돈을 벌고 싶다면 돈을 헛된 것으
로 여겨야 한다. 돈에 가치를 부여하는 만큼 두려움이
생기고 두려움은 지혜를 가로막아 올바른 판단을 할 수
없게 된다. 판단력을 잃어 조급해지면 가장 중요한 기다
림을 잃게 된다.

"너희가 하나님과 재물을 겸하여 섬기지 못하느

니라" <마태복음 6:24 중>

돈을 목적으로 사는 삶이 헛된 것이다. 필자가 과거에 쓴 허상에 대한 시 한 편을 소개한다.

평면 허상

영혼이 사는 동네에 가려면
전깃줄로 레일을 놓고
기차를 타야 한다
육체를 벗어던진
얼굴 없는 대화
바라보고 있으면
참으로 허전해진다

헤어날 수 없는 몽유병 속의 텃밭들은
이미 잡초가 점령해 버렸다
쉰밥 한 그릇에도 총구를 내미는
아슬아슬한 고샅길에
낮은 포복의 두리번거림

모두 다 접고

인쇄 명령의 종이 위를
뚜벅뚜벅 걸어 나와
육체에게 안기고 싶다

장난 같은 전쟁의 승리를 위해
화약으로 농사짓는 동네
허망한 은폐의 꿈길에서
서로 총질을 하고 있다

<정상조 시, 1999. 2. 5>

해 아래에서 수고한 그 수고가

해 아래에서 수고하는 모든 수고가 사람에게 무엇이
유익한가 <전도서 1:3>

해 아래에서 수고한 그 수고가 삶의 질을 아름답게 하
고 있는지 그 의미를 살펴봐야 한다.

호수와 바다가 있다면 거기에 몸을 담글 때, 많은 물
이 있다고 해서 내가 많은 압력을 받는 것이 아니다, 어
디에 몸을 담그든 내가 받는 압력은 비슷할 것이다.

내가 하는 수고는 같을지라도, 호수와 바다의 크기는
비교할 수 없다. 내가 수고를 할 때, 바다와 같이 넓고
큰 결과가 나타나도록 일을 해야 한다.

모세가 지팡이를 내밀었을 뿐인데 홍해가 갈라졌겠는
가? 하나님이 일하셨기 때문이다. 모세가 수고한 것은
지팡이를 내민 것뿐이지 않은가?

내 수고를 최소한으로 줄이고 남는 힘을 사랑하는데
쏟는 지혜가 필요하다. 사랑이야말로 해 아래 수고를 헛
되지 않게 하기 때문이다.

주식투자를 할 때도, 종목이 나를 위해서 일하는 기업인지 분석하고, 세월의 가치가 수익을 창출하게끔 인내해야 한다. 그래서 주식투자는 내가 힘써서 하려고 하면 안 되고, 힘을 **빼고** 남들이 차려놓은 밥상에서 나는 잘 먹어주면 되는 것이다.

주식투자의 원칙을 지키는 것이 삶의 차이를 만들었다. 돈의 많고 적음에 상관없이 마음이 변하지 않고 투자 원칙을 지켜왔다.

주식시장에는 많은 세력의 정보가 교차하지만 그럼에도 불구하고 중심을 지키며 분별하면서 내 분석을 중심으로 투자를 해왔다.

주식시장에서 불의한 돈은 벌지 않으려고 나름대로 노력했다. 하나님을 믿지 않았다면 그런 생각을 안 했을 것이다.

내가 단기 매매로 돈을 벌었어도 그 주가가 떨어지면, 누군가는 피해자가 생긴다. 그러면 나는 잘 먹고 잘 사는데, 어느 누군가는 절망하게 된다.

"헛된 영광을 구하여 서로 노엽게 하거나 서로 투기하지 말지니라"

<갈라디아서 5:26>

주식시장에서 단기 매매는 투기하는 것이다. 나의 투

자 원칙은 "투기하지 말자" 이다.

기업의 비전을 쫓아가서 주식투자를 하게 되면 주가는 기업의 발전 속도보다 훨씬 빠르게 반영된다.

기업의 영업이익이 100억인 회사가 200억을 벌게 되면 기업은 2배를 벌었을 뿐이다. 그 회사 영업이익 100억에 per10을 적용하면 시가총액이 1,000억이 된다. 영업이익 100억인 기업이 갑자기 200억을 벌게 되면 성장성 때문에 per30을 적용하게 되고 적정 시가총액은 6,000억이 된다.

이런 성장성에 투자하는 것이 내가 생각하는 정직한 투자라고 말하고 싶다.

내가 그 오랜 세월 주식투자를 투기로 했다면, 투기로 인해 생기는 두려움이나 불안감 때문에 아마 지금쯤 정신병원에 있지 않았을까 싶다. 하지만 내 마음속에서는 이상한 기쁨이 샘솟고 있다.

돈으로 살 수 없는 기쁨의 가치가 있다. 돈과 비교할 수 없는 사랑의 가치가 내 마음속에 있다.

해 아래에서 하는 수고가 아름답게 꽃처럼 피어난다.

한 세대가 간다는 것

한 세대는 가고 한 세대는 오되 땅은 영원히 있도다
<전도서 1:4>

한 세대가 간다는 것, 내가 죽고 땅은 영원히 있다는 것은 하나님을 믿는 믿음 안에서는 고민할 필요가 없다.

"또 여기 있다 저기 있다고도 못하리니 하나님
의 나라는 너희 안에 있느니라"

<누가복음 17:21>

하나님 나라가 내 안에 있다는 것은 예수님을 믿는 믿음 안에서 거룩해지는 삶을 살기에 죽는 것이나 사는 것이나 경계가 없다는 것이다.

예수님을 믿는 믿음 안에서는 땅에 있으나 천국에 있으나 거룩한 하나님 나라에 사는 존재를 의미한다.

주식투자는 지속적으로 오를 만한 기업가치를 지닌 종목에 장기 투자를 해야 한다. 단기 차익을 지속적으로 얻는다는 것은 불가능에 가깝고 그만큼 염려를 증가시키기 때문에 끝내 성공하기는 힘든 투자가 될 것이다.

> "이르시되 너희 믿음이 작은 까닭이니라 진실로
> 너희에게 이르노니 만일 너희에게 믿음이 겨자씨
> 한 알 만큼만 있어도 이 산을 명하여 여기서 저기
> 로 옮겨지라 하면 옮겨질 것이요 또 너희가 못할
> 것이 없으리라"
>
> <마태복음 17:20>

믿음으로 옮길 수 없는 산이 딱 하나 있다. '내 의지'라는 산이다. 기도로 하나님의 뜻을 꺾으려고 하지만 그럴 수 없다. 아무리 믿음으로 기도해도 하나님의 뜻은 꺾을 수 없다.

인간의 기도로 하나님의 뜻을 바꿀 수 있는가? 하나님의 뜻을 바꿀 수 없다. 하지만 기도하는 사람은 그 사람을 향한 하나님의 뜻을 알 수 있다.

내 의지의 산은 한 마디로 고집이다. 의지에 감정까지 결합하게 되면 고집이 더 강해진다. 고집이 만든 오류는 고난을 통해서 스스로 깨닫기까지 수정할 방법을 찾기가 어렵다.

주식투자 손실이 커지다 보면 내 인생의 의미마저 사라지는 것을 느끼게 된다. 내 의지는 유연성이 확보될 때 믿음과 인내로 산을 옮길 수 있다.

사랑의 순간

찬바람 부는데
하얀 춤
햇빛은 찬란
어떤 표정으로도
감출 수 없는 반짝임

흰 눈빛 틔우는
눈꽃 속에서
햇살 눈부시네

마음에서 꺼낸 온기
호호 불어 드리니
그대로 녹는 기쁨
누가 가져가리

- 시집 『부러진 나무의 눈빛들』 중

해는 뜨고 해는 지되

해는 뜨고 해는 지되 그 떴던 곳으로 빨리 돌아가고
<전도서 1:5>

"신랑이 사모를 쓰며 신부가 자기 보석으로 단
장함 같게 하셨음이라"

<이사야 61:10>

하나님이 사모를 쓰고 있을 때 신부인 태양은 자기 보
석으로 단장을 하고 떠오른다. 그 때에 새벽 별들이 기
뻐 노래하며 하나님의 아들들이 다 기뻐 노래한다.

"그때에 새벽 별들이 기뻐 노래하며 하나님의
아들들이 다 기뻐 소리를 질렀느니라"

<욥 38:7>

인생의 고통과 슬픔은 내가 하나님을 혼인잔치로 만나
는 과정에 불과한 것이다.

주식투자에 있어서 지나간 어제 때문에 오늘을 고통하고 절망하는 것이 반복된다면, 투자 수익이 문제가 아니고 근본적으로 몸과 마음이 병들게 되어 있다.

몸과 마음이 병들고 나면 돈도 의미가 없어질 것 같지만 오히려 생존 본능으로 인해 투자 수익이 더 절박해진다. 그래서 악순환이 반복되는 경향이 있다.

주식투자의 고통은 생각 속에 있는 것이고 그것은 마음일 뿐 현실과는 거리가 멀 때가 많다. 그날의 생각을 그날 끊어내지 않고 지속적으로 연결 지을 때 두려움에 사로잡히게 된다.

투자 종목의 주가가 하락 파동에 진입하고 한 달쯤 하락하면 반대 매매와 투매가 반복되고 그럴 때면 참으로 처량해진다.

심리에 우울의 물방울이 뚝뚝 떨어지는 주가 하락을 하루도 거르지 않고 겪어보면 깊은 우울에서 나오는 인간의 밑바닥 감정 끝에서 분노가 솟아오른다. 이럴 때 술을 마시고 취한다면 인생이 끝장날 수도 있다.

이런 상황에 몰렸던 나의 혹독하게 추웠던 겨울을 기억한다. 새벽 일찍 일어나 뒷산을 오르는 것이다. 눈 덮인 길에 첫 발자국을 찍으며 떠오르는 미명의 아름다운 태양을 바라본다.

눈꽃 송이송이 사이로 비치는 빛을 바라볼 때, 손가락이 얼얼해 와도 저절로 시인이 되었다. 있는 그대로의 모든 것이 시어가 되어 마음속에 박히면, 우울함도 분노도 눈 녹듯이 사라지고, 지난 일을 잊어버리고 늘 새롭게 시작할 힘을 얻었다. 태양은 떠오를 때마다 신부의 빛으로, 기쁨의 빛으로 떠오른다.

바람이 불자

뒤집히고 반짝이는
아카시아 잎을 지나서
아침 햇살
어떤 색을 품고 와서
어디로 가는지
얼굴을 그려놓고
따라가보고 싶다

바람은 무슨 색일까
박새 울음은 아니겠지
머물러 있는 것이
소중할 때가 있다
머물러 있는 것이
어디 있겠는가

- 시집 『부러진 나무의 눈빛들』 중

바람이 남으로 불다가 북으로

바람은 남으로 불다가 북으로 돌아가며 이리 돌며 저리
돌아 바람은 그 불던 곳으로 돌아가고
<전도서 1:6>

바람이 남으로 불다가 북으로 돌아간다. 하지만 같은 바람이 다시 돌아오지 않고, 새로운 바람이 끊임없이 나뭇잎을 지나가고 있다. 바람이 그저 불다가 가는 듯 보이지만, 영적인 바람은 사뭇 다르다.

흐르는 시간 속에 하나님의 영이 나에게 오면 사랑과 평안으로 왔다 간다. 하지만 어둠의 바람은 불안과 두려움, 슬픔을 가져온다.

마음이 무엇을 선택하느냐에 따라 극명하게 갈린다. 하나님의 사랑은 절대적이지만 인간의 사랑은 상대적이어서, 돈을 사랑하게 되면 실시간으로 움직이는 돈의 급등락을 심리적으로 감당하기란 무척 어렵다. 대부분 이익을 챙기고 보자는 개념으로 손실을 키우고, 불안해지고 조급해져서 무너진다. 주가가 하락만 하면 어느새 어둠의 영이 내 안에 들어와 있는 것을 느끼게 된다.

바람이 이리 돌며 저리 돌아 원래 불던 곳으로 돌아가지만, 하나님은 나뭇잎을 흔들며 손짓하면서 지나간다.

하나님의 바람이 나에게 불어올 때, 새로운 기쁨을 흔들면서 흔적을 남기고 지나간다. 내 안에는 하나님의 사랑이 있다.

크고 무성한 수양버들나무가 있었다. 이른 봄에 때아닌 많은 눈이 내렸었다. 습기를 머금은 눈의 무게에 많은 가지가 부러졌다. 겉은 무성해 보였지만 속은 이미 썩어있는 것들이 대부분이었다.

주가 변동 폭에 마음을 썩이면 고난을 견디기 힘들다. 나무나 사람이나 주식이나, 모든 세상살이는 늘 좋은 일만 있으면 좋겠지만 고난을 겪으면서 더 무성해지는 것이다. 그 고난을 이겨낸 가지들은 이전보다 더 무성해져 있다.

주식시장에서 얼마나 더 무성해질지 꿈을 꾸지만, 고난이 왔을 때 내가 존재할 수 있느냐를 생각해야 한다.

좋은 종목은 편안하게 주식을 보유하게끔 세력들이 그냥 두지 않는다. 그렇지만 끝내 푸르르게 존재하려면 고난을 즐거이 견딜 줄도 알아야 한다.

밤의 시간이 흘러 새벽이

모든 강물은 다 바다로 흐르되 바다를 채우지 못하며
강물은 어느 곳으로 흐르든지 그리로 연하여 흐르느니라
<전도서 1:7>

아침의 시간이 흘러 밤이 되고 밤의 시간이 흘러 새벽
이 된다. 주식투자에는 테마가 있고, 작전주가 존재하지
만, 시간이 흐르면 결국 주가는 기업의 영업이익에 대한
미래 가치에 수렴하게 된다.

원천에서 물이 솟아 나와 얼마나 많은 조약돌과 바위
틈을 지나야 강에 이르는가! 그리고 강물은 얼마나 많은
구부러진 길을 지나면서 폭을 넓히며 바다에 이르는가!

주식이 대세 상승을 한다고 해도 급락할 때가 있고,
예전에 10,000원이던 주가가 1,000원 오르면 10% 상승
이지만, 주가가 올라 100,000원이 된 후 1,000원 오르면
1% 상승에 불과하다.

주식투자는 곧 성장성이라는 미래 가치의 바다를 보고
투자하는 것이다. 그렇다고 해도 세월이 흘러 바다가 되

기까지는 인내가 필요하다.

이익을 극대화한다는 목적으로 단기 차익을 추구하는 경우가 많다. 그러나 이런 경우, 본인이 세력이 아닌 이상 내 경험에 비춰볼 때 손실이 폭증하는 경우가 대부분이었다.

주가는 시대와 동행함으로 주가는 시대의 변화와 연동하여 바다로 흘러간다. 현재 종목을 보유한다는 것은 앞으로 주가 상승을 기대하기 때문이다.

주가의 파동은 조정은 긴 구간으로 나타나고 큰 시세는 정말 짧은 순간에 나타나는 특징이 있다.

최고점에서 계속 수익을 낸다면 얼마나 좋을까마는, 하락 구간의 고통스러운 인내 없이 큰 수익 구간의 기쁨을 맛보는 것은 매우 어려운 것이다.

나는 보유 종목의 더 큰 급등 파동을 늘 기다리고 있다. 강물이 바다로 흘러가듯이 주가 파동도 연하여 시간을 흘려보내는 것이다. 주식투자는 파동에 나를 맡기는 것이다. 점을 치듯 주가를 맞추려고 하는 것은 매우 어리석은 행동이다.

두려움에 몸부림치다

모든 만물이 피곤하다는 것을 사람이 말로 다 말할
수는 없나니 눈은 보아도 족함이 없고 귀는 들어도 가득
차지 아니하도다 <전도서 1:8>

주식투자는 결국 두려움에 몸부림치다 분노에 이르기
도 한다. 그 분노의 순간에서 결정하면 결국 실패에 이
르는 경우가 대부분이다.

매매 손실은 순식간에 급증하므로, 그런 식으로 쇠락
해 간다면 삶은 절망에 이르게 된다. 세상은 꽃으로 마
음을 닦아도 흘러가고, 분노를 해도 내 의지와 상관없이
흘러간다.

주식이 상승하면 흥분하기 쉽고, 하락하면 낙심하기
쉬워서 세력은 그 심리를 역이용한다. 상승할 때 흥분하
지 않고 하락할 때 낙심하지 않는 것은 주식투자의 기본
이다.

실시간으로 움직이는 주가에 내 감정이 몰입되어서 하
는 결정은 망상에 불과하다.

내가 감정적으로 살아갈 때 모든 만물이 피곤하게 보

인다. 모든 만물은 나와 관계없이 매일 새롭고 매일 생동감 넘치게 존재하고 있다.

눈으로 보아도 족함이 없는 욕심으로, 귀로 들어도 채워지지 않는 욕심으로 주가를 보고 있으면, 게다가 손실까지 겹치게 되면 삶이 송두리째 흔들릴 수 있다. 하지만 투자의 초점을 기업의 성장성 분석에 맞추고 하락 파동을 인내로 이겨낸다면, 결국 수익이 더해져 생동감이 넘치게 될 것이다.

아침

초록 풀잎 위로
이슬보다 더 빛나는
너를 본다

맑은 공기 위로
부서질 듯 여린 피부
입술로 내민 촉촉함

입술은 닫지 않아도
너의 악보 위에서
붉어지는 나의 노래

　　　　　　- 시집 『수묵화로 사는 나무처럼』 중

새벽 미명에 동산에 가보라

이미 있던 것이 후에 다시 있겠고 이미 한 일을 후에
다시 할지라 해 아래에는 새것이 없나니 무엇을 가리켜
이르기를 보라 이것이 새것이라 할 것이 있으랴 우리가
있기 오래 전 세대들에도 이미 있었느니라
<전도서 1:9-10>

해 아래 새것이 없다면 새벽 미명에 동산에 가보라!
얼마나 많은 이슬방울이 풀잎을 노래하게 하는지, 얼마
나 많은 새들의 기쁨이 하늘로 차오르는지 보고 듣게 된
다.

이미 있었던 것이 후에 다시 있을지라도 항상 새롭게
눈을 뜨고 있다. 비 온 뒤에 새 물을 먹느라 지느러미
튀기는 물고기마저 새롭다.

주식투자는 어제의 주가로 오늘을 예측하고, 매일 상
승과 하락을 반복하고 있어서 항상 두려움이 있다.

두려움에 사로잡히면 지혜가 마비되어서 항상 새로워
지는 세상을 느낄 수가 없다.

어제의 나의 세포는 소멸되고 새벽 미명에 새롭게 깨

어날 때, 새로운 세포에 기쁨을 채우다 보면 만물은 새롭게 보인다.

주식투자가 나의 의도와 무관하게 수익과 손해로 결론이 날지라도, 꿈꾸는 것이 없다면 보유할 이유가 없지만, 꿈꾸는 것이 있다면 주식시장은 항상 새롭게 열린다.

풀꽃 강변

물빛이 핀다
비린 물결이 튄다

풀꽃 지고
허리 휘는 강변

강안 모래무덤에도
사각사각 풀씨는 쌓인다

- 시집 『어치가는 길』 중

실패는 내 이기심의 관점으로

마음을 다하며 지혜를 써서 하늘 아래에서 행하는 모든
일을 연구하며 살핀즉 이는 괴로운 것이니 하나님이
인생들에게 주사 수고하게 하신 것이라 <전도서 1:13>

인간의 괴로움은 어디서 오는가?

"여자에게 이르시되 내가 네게 임신하는 고통을
크게 더하리니 네가 수고하고 자식을 낳을 것이며
아담에게 이르시되 내가 네게 먹지 말라 한 나무
의 열매를 먹었은즉 땅은 너로 말미암아 저주를
받고 너는 네 평생에 수고하여야 그 소산을 먹으
리라" <창세기 3:16-17>

인간의 괴로움은 죄로부터 오는 것이다.

"만군의 여호와가 이르노라 너희가 눈먼 희생제
물을 바치는 것이 어찌 악하지 아니하며 저는 것,
병든 것을 드리는 것이 어찌 악하지 아니하냐"
<말라기 1:8>

하나님께 소산물을 드릴 때 병든 것을 드린다는 것은 하나님의 사랑에 감사도, 기쁨도, 기대도 없다는 것이다.

인간의 선한 마음은 무엇인가?
　"예수께서 이르시되 네 마음을 다하고 목숨을 다하고 뜻을 다하여 주 너의 하나님을 사랑하라 하셨으니"<마태복음 22:37>

인간의 선함은 하나님을 사랑하는 것에서 비롯된다. 인간의 죄는 무엇인가? 나의 이기심으로 하나님을 사랑하는 것이다. 사랑에 이기심이 개입되면 죄가 된다.

기쁨은 내 소산물을 하나님께 드릴 때 좋은 것을 드리는 마음에서 비롯된다. 수고하는 괴로움이 기쁨으로 바뀌는 것이다.

주식투자의 괴로움은 어디서 오는가? 내 마음을 돈에 두고 이기심으로 가득할 때 온다. 종목의 미래 비전을 사랑하지 않으면 주가 급등락으로 두려움에 사로잡히게 된다.

주식투자의 실패는 내 이기심의 관점으로 종목을 분석할 때 생기는 아집에서 비롯된다.

모든 일이 다 헛되다는 것

내가 해 아래에서 행하는 모든 일을 보았노라 보라
모두 다 헛되어 바람을 잡으려는 것이로다
<전도서 1:14>

해 아래에서 행하는 모든 일이 다 헛되다는 것은 내가 내 일을 하기 때문이다. 내가 하나님의 일을 할 때에는 모든 일에 하나님의 뜻이 있고, 하나님을 사랑하는 마음이 넘쳐 기쁨이 된다. 하나님의 뜻에 따라 사는 것이 나의 소명이다.

주식투자로 손해가 난들 어쩌겠는가? 최선을 다해 분석했고 기도했으니 담담히 받아들이고 살아내는 것이다. 또 다른 하나님의 뜻이 있지 않겠는가? 인간이 어찌 다 알겠는가? 마치 눈먼 자처럼 지팡이를 두드리며 가는 것이 인생이다.

나도 절박한 마음에 얼마나 많이 하나님을 외쳤겠는가? 예전에는 그 외침에 소원이 간절했다면, 지금은 내 이기심을 빼고 외치는 중이다. '주님 뜻대로 그 뜻을 이

루소서!' 지금까지 주님이 나와 동행해 주신 것이 은혜이
므로 내게 주님의 사랑이 나타나기를 원합니다.

주가를 올려달라고 기도하기보다, 철저한 분석으로 투
자하고 인내하고 때를 기다리면 수익이 나던 것이 대부
분이다.

주님 앞에 나아갑니다

주여
하늘의 향기로 치료의 광선을 발하시고
새 힘을 주시니
광야로 거침없이 나아갑니다

구름기둥과 불기둥으로
우리를 덮어주시고
해지지 않는 옷을 입히시고
해지지 않는 신을 신기어
주님의 날개 그늘 아래 거하게 하시니
감사드립니다

내가 그리스도와 함께 십자가에 못 박혀
내 안에 오직
그리스도께서 사시는 인생의 여정 가운데

부활의 능력으로 임하시는
주님을 찬송합니다

세상에서 나를
외치는 자의 소리가 되게 하시어
광야에서 길을
여는 자가 되게 하시고
사막에서 대로를
평탄케 하는 자로 서게 하십시오

그리하여
골짜기마다 돋우어지며
산마다 언덕마다 낮아져서
험한 곳이 평지가 되는
주의 영광을 보심을 믿습니다
                    - 시집 『부러진 나무의 눈빛들』 중

제2부

지혜를 얻었으니

지혜를 얻었으니

내가 내 마음 속으로 말하여 이르기를 보라 내가 크게 되고 지혜를 더 많이 얻었으므로 나보다 먼저 예루살렘에 있던 모든 사람들보다 낫다 하였나니 내 마음이 지혜와 지식을 많이 만나 보았음이로다. 내가 다시 지혜를 알고자 하며 미친 것들과 미련한 것들을 알고자 하여 마음을 썼으나 이것도 바람을 잡으려는 것인 줄을 깨달았도다. 지혜가 많으면 번뇌도 많으니 지식을 더하는 자는 근심을 더 하느니라 <전도서 1:16-18>

지혜를 얻었으니 이는 내가 예루살렘에 있던 모든 사람을 능가하는 것이며 내 마음속에 지혜와 지식을 많이 경험하였음이로다. 나의 지혜, 오만, 그리고 우매함이 모두 바람을 잡는 것처럼 헛된 것임을 온 마음으로 깨달았다. 지혜가 많으면 근심도 많아지고, 지식이 많으면 슬픔도 커진다.

"하만이 왕복과 말을 가져다가 모르드게에게 옷을 입히고 말을 태워 성 중 거리로 다니며 그 앞에서 반포하되 왕이 존귀하게 하시기를 원하시는 사람에게는 이같이 할 것이라 하니라" <에스더 6:11>

"외경 하가다 4권 12장 에스더" 편에 보면 위기와 지혜에 대해 이렇게 기록하고 있다.

"여호와여 내가 주를 높일 것은 주께서 나를 끌어내사 내 원수로 하여금 나로 말미암아 기뻐하지 못하게 하심이니이다. 여호와 내 하나님이여 내가 주께 부르짖으매 나를 고치셨나이다. 여호와여 주께서 내 영혼을 스올에서 끌어내어 나를 살리사 무덤으로 내려가지 아니하게 하셨나이다" (모르드게의 노래)

"주의 성도들아 여호와를 찬송하며 그의 거룩함을 기억하며 감사하라 그의 노염은 잠깐이요 그의 은총은 평생이로다 저녁에는 울음이 깃들일지라도 아침에는 기쁨이 오리로다" (모르드게 제자들의 합창)

"내가 형통할 때에 말하기를 영원히 흔들리지 아니하리라 하였도다. 여호와여 주의 은혜로 나를 산 같이 굳게 세우셨더니 주의 얼굴을 가리시매 내가 근심하였나이다" (하만의 푸념)

"여호와여 내가 주께 부르짖고 여호와께 간구하

기를 내가 무덤에 내려갈 때에 나의 피가 무슨 유
익이 있으리요 진토가 어떻게 주를 찬송하며 주의
진리를 선포하리이까. 여호와여 들으시고 내게 은
혜를 베푸소서 여호와여 나를 돕는 자가 되소서
하였나이다" (에스더의 노래)

"주께서 나의 슬픔이 변하여 내게 춤이 되게 하
시며 나의 베옷을 벗기고 기쁨으로 띠 띠우셨나이
다. 이는 잠잠하지 아니하고 내 영광으로 주를 찬
송하게 하심이니 여호와 나의 하나님이여 내가 주
께 영원히 감사하리이다" (유대인 무리 전체의 찬
양)
<시편 30:1-12><외경 하가다 4권 12장>

"네 원수가 넘어질 때에 즐거워하지 말며 그가
엎드러질 때에 마음에 기뻐하지 말라"
<잠언 24:17>

이처럼 하만과 모르드개는 둘 다 지혜와 지식이 충만
했지만, 그로 인하여 하만에게는 재앙이, 모르드개에게는
축복이 임하는 것을 극명하게 볼 수 있다.

마음에 즐거움을 누려보고자 하나

나는 내 마음에 이르기를 자, 내가 시험삼아 너를
즐겁게 하리니 너는 낙을 누리라 하였으나 보라 이것도
헛되도다 <전도서 2:1>

'내가 내 마음에 즐거움을 누려보고자 하나 이것도 헛
되다.' 사람은 모두 자신의 마음에 즐거움을 주려고 노력
하는 것은 아닐까?

자신의 마음속 우울증에서 탈출하려고 또 얼마나 많은
사람이 병원을 찾는가! 밤에 잠 못 이루는 불면증으로
고통받는 사람이 얼마나 많은가?

인간인 내가 내 마음에 즐거움을 누리려 한들, 즐거움
이 얼마나 지속되겠는가!

"네 마음을 다하고 목숨을 다하고 뜻을 다하여
주 너의 하나님을 사랑하라 네 이웃을 네 자신 같
이 사랑하라 하셨으니"

<마태복음 22:37-39>

인생의 즐거움은 사랑 안에서 누리는 기쁨으로 인해 영원한 것이 된다.

주식투자에 있어서 내가 내 마음의 즐거움을 쫓는다고 그 즐거움이 얻어질까? 얼굴을 마주하여 매매하는 것도 아니고 냉정한 승부만이 결과로 남는 영역이다.

누구나 이 영역에서는 우울할 수밖에 없고, 우울함이 깊어지면 어느새 분노로 바뀌는 것을 보게 된다. 주가 급등락에 감정을 내어주면, 그것은 견딜 수 있는 영역이 아니다.

주식투자로 끝없이 돈을 벌어보았어도 즐거움이 있는 날은 지극히 적었다. 심리적으로 죽을 것 같은 때가 있었지만 대부분은 죽을 일은 일어나지 않았다. 주식투자는 눈에 보이는 현상 너머를 보고 가는 것이다. 눈에 보이는 것만으로 판단해서는 안 된다.

웃음을 생각해보니

내가 웃음에 관하여 말하여 이르기를 그것은 미친
것이라 하였고 희락에 대하여 이르기를 이것이 무슨
소용이 있는가 하였노라 <전도서 2:2>

내가 웃음을 추구하고 즐겁게 사는 것이 무슨 소용이
있겠는가?

진리라고 하는 과녁이 있다고 하자. 어떤 과녁을 향하
여 인생이라는 화살을 쏘며 살아가는 것이 인간이다. 진
리라는 과녁에서 화살이 빗나간 것이 곧 죄다.

죄를 지으며 웃는 웃음의 허무함이 미친 사람이 웃는
웃음과 무엇이 다르겠는가?

사람은 누구나 과녁에 화살을 쏘는 것처럼 살고 있다.
그 과녁이 진리라면, 대부분은 화살이 빗나갔음에도 과
녁을 맞힌 것처럼 살아가고 있다.

주식투자는 상승과 하락 둘 중에 상승만 맞히면 되는
데, 왜 그렇게 많은 사람이 돈을 잃는 것일까?

주가의 과녁은 기업의 미래 가치임으로, 긴 인내의 과
정을 지나서 생각보다 늦게 주가가 상승한다.

주식투자의 과녁을 '돈을 버는 것'에 두고 과녁에 시위를 당겨서는 안 된다.

내 웃음이 미친 웃음과 구별되려면 주식투자는 철학을 잘 갖춰야 한다. 주식투자 수익은 투자 철학으로부터 비롯된다.

내면의 평화를 얻기 위해서는 깨끗한 물이 흐르는 강처럼, 사람의 마음속에 근본적으로 말고 깨끗한 것들을 채워야 한다. 돈에 대한 지나친 욕심이 마음에 혼란을 가져오고, 진정한 평온을 얻는 것을 방해한다. 마음이 평온해야 그 속에서 진정한 풍요를 찾을 수 있다.

하나님을 사랑하는 마음을 품을 때, 그 마음속에서 생명이 흘러나오게 된다. 이 생명은 강을 따라 풍요하게 하듯, 삶을 풍성하게 만들고 새롭게 한다. 물질적인 욕심보다는, 내면의 사랑과 평온을 추구할 때 진정으로 의미있는 풍요를 얻게 될 것이다.

나를 즐겁게 하는 것은 지혜

내가 내 마음으로 깊이 생각하기를 내가 어떻게 하여야
내 마음을 지혜로 다스리면서 술로 내 육신을 즐겁게
할까 또 내가 어떻게 하여야 천하의 인생들이 그들의
인생을 살아가는 동안 어떤 것이 선한 일인지를 알아볼
때까지 내 어리석음을 꼭 붙잡아 둘까 하여 <전도서 2:3>

술은 잠깐의 즐거움을 줄 수는 있으나, 궁극적으로 나
를 즐겁게 하는 것은 지혜를 깨닫는 것이다. 그리고 좋
은 일, 아름다운 행동을 하며 사는 것이 나의 어리석음
을 멈추게 한다.

에덴동산에서 아담과 이브는 선악을 알지 못하였고,
벌거벗었어도 벗은 줄 몰랐으며, 끝없이 행복이 주어지
는 낙원의 가치를 보는 눈이 가려져 있었다.

선악을 알게 하는 열매를 따 먹음으로 말미암아 자신
이 벌거벗었다는 것을 알게 되었다. 에덴동산에서 쫓겨
나서야 하나님이 전능자이심을 알게 되었고, 에덴동산의
가치를 알게 되었다.

악이 존재해서 선을 찾아가고, 괴로움이 존재해서 즐
거움을 찾아가는, 세상은 쾌락에 취해있다가 괴로움으로

깨어나는 곳이다.

선악과를 따먹지 말라는 하나님 말씀에 믿음이 없어서 아담과 이브가 죄를 지어 쫓겨났다면 세상은 예수를 믿음으로써 죄 된 것을 씻고 하나님 나라에 이르게 하는 곳이다.

아담과 이브가 쫓겨났을 때를 생각해 보면 에덴동산과는 너무나 다른 이 세상에 무엇인들 쉽게 적응할 수 있었을까? 주식시장에서 나는 오랫동안 투자를 해왔어도 항상 생소한 곳처럼 느껴진다.

세상은 그나마 하나님이 창조하시고 "보시기에 심히 좋았더라"는 감탄의 아름다움이 있는 곳이지만, 주식시장은 매매가 작동해서 수익을 내는 사람만 생존하는 정말 강퍅한 시장이다. 그러므로 정말 좋은 기업을 선택해서 냉혹하면서도 아름다운 결말에 어떻게든 도달해야 한다.

수고로 말미암아 얻은 몫

내가 이같이 창성하여 나보다 먼저 예루살렘에 있던
모든 자들보다 더 창성하니 내 지혜도 내게 여전하도다
무엇이든지 내 눈이 원하는 것을 내가 금하지 아니하며
무엇이든지 내 마음이 즐거워하는 것을 내가 막지
아니하였으니 이는 나의 모든 수고를 내 마음이
기뻐하였음이라 이것이 나의 모든 수고로 말미암아 얻은
몫이로다 <전도서 2:9-10>

나의 지혜는 뛰어나서 예전 예루살렘에 있던 모든 사
람을 이길 정도였다. 그 지혜가 여전히 내게 남아 있다

내 눈이 원하면 주고 싶은 사람에게 다 주었고, 내 마
음이 즐거우면 다 누렸다. 내 마음이 나를 위해 열심히
일하는 즐거움, 이것이 내가 고생해서 얻는 나의 몫이었
다.

본문에 "내가 이같이, 내 지혜도, 내 눈이, 내 마음이"
등의 표현은 내가 내 인생의 주인으로 살고 있음을 보여
준다.

"여자가 그 나무를 본즉 먹음직도 하고 보암직

도 하고 지혜롭게 할 만큼 탐스럽기도 한 나무인
지라 여자가 그 열매를 따먹고 자기와 함께 있는
남편에게도 주매 그도 먹은지라"

<창세기 3:6>

여자를 일인칭으로 바꾸어 보자. "내가 그 나무를 본
즉 먹음직도 하고 보암직도 하고 지혜롭게 할 만큼 탐스
럽기도 한 나무인지라" 내가 내 인생의 주인이 될 때, 선
악과를 따 먹는 원죄가 된다.

그렇게 되면 내가 아무리 지혜롭다 할지라도 세상 죄
에서 벗어날 수가 없다. 내가 내 인생을 살지만 내 인생
의 주인은 하나님이다.

오랜 주식투자 경험에 비추어 볼 때, 가장 큰 실패 원
인은 "내가" 라는 생각에 있었다.

내 분석이 객관화되지 못하고 '내 생각에는?' 이라는 나
의 아집이 될 때 실패하게 된다. 내가 아무리 번성하고
지혜로워도 내가 주인이 되어 네 이웃을 네 몸과 같이
사랑하지 않고 나를 위해 사는 것은 결국 죄 된 삶일 뿐
이다.

과거 했던 일을 살펴보면

내가 돌이켜 지혜와 망령됨과 어리석음을 보았나니 왕
뒤에 오는 자는 무슨 일을 행할까 이미 행한 지 오래
전의 일일 뿐이리라 <전도서 2:12>

　과거 내가 했던 지혜로운 일, 바보스러운 일, 어리석은
일들을 잘 살펴보니 내가 하고자 하는 일이 이미 오래전
에 있었던 일이다.
　"하나님께 제사를 드릴 때 아벨은 양 떼 중에서 가장
좋은 것을 선택했지만 가인은 먼저 식사를 하고 배를 채
운 뒤 남은 아마씨 몇 알을 드렸다." <외경 하가다 1권 3
장>
　아벨은 하나님께 제사를 드리기 위해 양을 키울 때 일
년 내내 기대와 기쁨으로 가득하였지만, 가인은 하나님
을 사랑하지 않았으므로 제사를 드리는 기대와 기쁨이
없는 삶을 살았다.
　내가 하고자 하는 일이 이미 오래전의 일을 반복할 뿐
이라는 말의 의미 속에는 실제로 내가 하는 일에 기쁨을
찾을 수 없다는 의미가 담겨있다.

내가 하는 일이 새로운 일이든 단순 반복에 불과한 것이든 중요하지 않다. 내가 하나님을 사랑함으로 기쁨으로 하나님 앞에 나아가는 삶을 사는 것이 더 중요하다.

주식투자를 손익의 관점에서 보면 희망과 절망이 교차하는, 주가 급등락에 의해서 엇갈리지만, 다시 생각해 보면 매일 새로운 일이고, 미래의 나를 새롭게 하는 일이기도 하다.

나는 30대 초반부터 하청업을 했었다. 갑과 을의 굴레가 감옥 같아서 그 굴레에서 벗어날 수가 없었기에 전업투자를 시작하게 된 것이다. 나의 인생을 손익의 관점에서 본다면, 30대는 절망의 굴레 속에 있었지만, 40대 이후에는 주식투자를 통해서 희망으로 비상할 수 있었다.

고철

용접된 다리를 끌고
용접된 팔을 달롱거리고
용접된 눈알을 깨우며
밤을 지새워 녹슬어야 한다

- 시집 『어치 가는 길』 중

진정한 지혜자는

내가 보니 지혜가 우매보다 뛰어남이 빛이 어둠보다
뛰어남 같도다 지혜자는 그의 눈이 그의 머리 속에 있고
우매자는 어둠 속에 다니지만 그들 모두가 당하는 일이
모두 같으리라는 것을 나도 깨달아 알았도다 <전도서
2:13-14>

지혜자는 지혜로 빛 가운데 살아가고, 우매자는 어리
석음으로 어둠 가운데 살아가지만, 인생에 있어서 지혜
로운 사람이나 어리석은 사람이나 모두 똑같은 문제와
죽음 앞에 놓여 있다.

인간은 하나님 앞에서는 한없이 어리석은 존재이기 때
문에, 진정으로 지혜로운 사람은 하나님의 지혜를 따라
살아가는 사람이다. 하나님의 지혜란 무엇인가?

"내가 그리스도와 함께 십자가에 못 박혔나니
그런즉 이제는 내가 사는 것이 아니요 오직 내 안
에 그리스도께서 사시는 것이라 이제 내가 육체
가운데 사는 것은 나를 사랑하사 나를 위하여 자
기 자신을 버리신 하나님의 아들을 믿는 믿음 안
에서 사는 것이라 <갈라디아서 2:20>

이는 나를 십자가에 못 박고 내 안에 그리스도로 사는 것이고, 예수를 믿는 믿음 안에서 사는 것이라 말하고 있다.

이스라엘에서 가장 지혜롭다는 솔로몬도 결국 이방 여인들을 취하고 우상을 섬김으로 나라와 자신을 멸망으로 이끌지 않았는가?

주식투자로 수익을 내는 것은 지혜의 많고 적음에 달려 있지 않다. 지혜가 많으나 심리가 불안정하면 오히려 지혜가 많을수록 손실이 가중된다.

주식투자를 할 때 지혜보다 중요한 것은 긍정적인 사고와 인내하는 마음이다. 절망하게 되면 기회가 왔을 때 기회를 놓치게 된다. 나는 분석을 근거로 희망을 가지고 인내한다. 그런 믿음이 있어야 수익을 얻을 수 있다.

수고하지 아니한 자에게
그 몫을 넘겨주는

어떤 사람은 그 지혜와 지식과 재주를 다하여
수고하였어도 그가 얻은 것을 수고하지 아니한 자에게
그의 몫으로 넘겨주리니 이것도 헛된 것이며 큰 악이로다
<전도서 2:21>

어떤 사람은 그 지혜와 지식과 재주를 다하여 수고하였어도 그가 얻은 것을 수고하지 아니한 자에게 그의 몫으로 넘겨주리니 이것도 헛된 것이며 큰 악이다.

새벽에 동산에 올라 노란 달맞이꽃을 보았다. 샛노란 색으로 핀 꽃이 누구를 닮았는지, 누구를 위해 피었는지, 알 수 없지만 밤에 피었다 낮에 지는 꽃이다. 달맞이꽃인들 밤에만 피고 싶었을까?

내 청춘을 돌아보니, 콘크리트를 깰 때 장비를 써서 일하면 쉽게 할 수 있는 일을, 그 당시에는 인건비가 너무 싸서 내가 날마다 정과 망치로 깨부순 적이 있었다.

청춘의 시간이 가는 동안 망치질이 빗나가 손을 때려서 손이 퉁퉁 부었어도, 부은 손을 다시 때리는 망치질, 언제 끝날지 모르는 망치질을 눈만 뜨면 했었다.

자본주의 사회는 근본적으로 자본가가 지배하는 사회
이지, 지혜와 지식, 재주가 많은 사람이 지배하는 사회가
아니다. 돈이 없는 나의 존재는 타인에 의해서 지배당할
때가 많았다.

주가의 긴 흐름은 기업의 성장성에 수렴하지만 돈 많
은 세력이 이기도록 설계된 시장이다.

세상에는 죄악이 가득할지라도, 내가 나를 사랑의 기
쁨으로 깨울 때 누가 보지 않는 밤에도 달맞이꽃으로 핀
다.

주식시장에서 나를 세력의 부속품으로 보면 두려운 것
이지만, 나의 분석을 통해 세력을 이길 수 있다는 강하
고 담대한 마음을 가지면 인생의 기회를 창조하는 곳이
기도 하다. 그래서 늘 새롭게 맞이하니, 내 마음속 불만
족은 지나가는 바람 같고, 항상 희망과 미래가 꽃피는
시간이기도 하다.

그 수고가 괴로움이 아니라

사람이 먹고 마시며 수고하는 것보다 그의 마음을 더
기쁘게 하는 것은 없나니 내가 이것도 본즉 하나님의
손에서 나오는 것이로다 아, 먹고 즐기는 일을 누가
나보다 더 해 보았으랴
<전도서 2:24-25>

먹고 마시며 수고하는 것은 하나님이 베푸신 은혜이자
안식이다. 하나님이 주신 나의 일에 대해서도 그 수고가
괴로움이 아니라, 보람을 느끼고 기뻐하는 것이다.

먹고 마시고 누려보았지만, 하나님 손에서 나오지 않
는 것은 허무한 것이고, 하나님의 손에서 나오는 것만이
진정한 기쁨이더라.

"호수에 움직이지 않는 학이 한 마리가 있다.
저 미물조차 하나님의 영광을 묵상하듯 서 있다.
하지만 학이 호수에서 몇 시간 동안 움직이지 않
고 서 있는 것은 물고기가 튀어 오르면 꿀꺽 삼키
기 위한 것이다. 내가 한없는 바다에 앉아서 기도
할 때, 하나님의 사랑에 대한 묵상은 없고, 죄를
씻는 눈물의 기도도 없이 내 마음이 원하는 것을

얻기 위한 생각으로 가득하여 하나님 손에서 떨어지는 것만 받아먹으려는 기도를 하게 되면, 진정한 평화가 솟아오르는 하나님께서 나에게 등을 돌리고 이 세상 기쁨에 자신을 푹 담가놓게 되어 그것과 함께 소멸되는 것이 인생이다.”

<선다싱의 예수님과 대화> 중

　주식투자도 그렇다 내 힘으로 하려고 하면 안 된다. 아무리 미래 성장성이 좋은 종목도 급락이 심할 때가 있다.

　급락할 것 같아서 매도하고 나면 다시 급등할 때도 많다. 급락할 것 같다는 생각은 급락할 것 같은 심리일 뿐, 오히려 매수 기회로 그 파동을 견디고 나면 미래 성장성으로 인해 다시 크게 상승하는 것을 볼 수 있다. 그래서 좋은 종목이 하락할 때는 차분하게 그 파동을 견디면 된다.

헛되어 바람을 잡는 것

하나님은 그가 기뻐하시는 자에게는 지혜와 지식과
희락을 주시나 죄인에게는 노고를 주시고 그가 모아 쌓게
하사 하나님을 기뻐하는 자에게 그가 주게 하시지만
이것도 헛되어 바람을 잡는 것이로다 <전도서 2:26>

하나님을 기뻐하며 일하는 자에게는 지혜와 지식을 주
시어 더 풍성하게 열매 맺게 하고 희락을 주시지만, 괴
로워하며 일하는 자는 하나님을 기뻐하지 않은 죄로 인
하여 그가 쌓아놓은 것까지 하나님을 기뻐하는 자에게
돌아가도록 하신다.

하나님을 사랑하는 마음 이외에 물질의 결국은 다 헛
되어 바람을 잡는 것과 같다.

주식투자를 할 때 하나님을 기뻐하는 자에게는 지혜와
지식을 더하여 풍성한 수익이 나게 하겠지만, 두려워하
며 투자하는 자에게는 애써 모은 수익까지 하나님을 기
뻐하는 자의 수익이 되게 하겠다는 것이다.

현재 상황과 관계없이 하나님이 기뻐하는 일을 항상
해야 한다. 물질을 위해 보낸 세월의 결국은 헛되어 바

람을 잡는 것과 같은 것이다.

하나님을 기뻐하는 마음이 있는 사람은 큰 파도에도 흔들리지 않고 당당하게 배에 물고기를 채워서 돌아온다. 즉 중심에 하나님을 기뻐하는 마음이 없으면 모래 위에 쌓는 것처럼 헛되다는 것이다.

하나님을 믿는다고 해서 복이 오는 것은 아니다. 하나님이 왜 선악과를 만드시고 따먹게 해서 죄인을 만들었을까? 이것이 가장 큰 의문이 아닌가?

하나님은 인간의 자유의지에는 개입하지 않는다.

하나님을 믿고 기도한다는 이유로 자신의 자유의지대로 결정을 내리지 않거나, 잘못된 결정에 복을 기대하는 것은 어리석은 것이다. 자유의지에 따른 잘못된 결정에 감정적인 행동이 더하여지면 큰 위기가 찾아온다.

잃기는 쉬워도 찾기는 어려운

찾을 때가 있고 잃을 때가 있으며 지킬 때가 있고 버릴
때가 있으며 찢을 때가 있고 꿰맬 때가 있으며 잠잠할
때가 있고 말할 때가 있으며 사랑할 때가 있고 미워할
때가 있으며 전쟁할 때가 있고 평화할 때가 있느니라
<전도서 3:6-8>

잃기는 쉬워도 찾기는 얼마나 어려운가? 버리기는 쉬
워도 지키는 것이 얼마나 어려운가? 특히 마음이 찢긴
것을 꿰매는 것은, 찢기는 것은 쉬워도 꿰매는 것은 매
우 어렵지 않겠는가.

매사에 생각을 행동으로 옮길 때는 매우 신중해야 한
다. 한 번 실행하고 나면 돌이킬 수 없을 때가 많고 그
결정이 내 운명을 좌우하기도 하기 때문이다.

주식투자는 이익도 복리식, 손해도 복리식이라서 돈을
버는 것과 잃는 속도가 너무 빠르다. 주가가 너무 빠르
게 움직여서 기회가 금방 사라지는 것도 있지만 한 번의
결단이 운명을 가르는 것이라서 매우 신중해야 한다.

주식투자는 주식을 보유하는 순간부터 항상 전쟁이다.
주가가 올라도 평화를 얻기는 쉽지 않다. 지혜가 있어야
전쟁을 할 수 있지만 용기를 잃으면 다 잃게 된다. 주식

투자를 할 때, 늦었다고 생각할 때가 가장 빠를 때가 있다.

인간이기 때문에 대부분 저점 매수 기회와 고점 매도 기회를 놓칠 수밖에 없다. 주식을 매도할 때 너무 떨어져서 매도 시기가 늦었다고 생각하는데 시간이 지나고 보면 그때가 가장 빠른 매도 기회일 때가 많다.

또한 주식을 매수할 때 저점보다 올라 있으면 매수 기회를 놓쳤다고 생각하는데 시간이 지나고 보면 그때가 가장 빠른 매수 기회일 때가 많다. 물론 주식을 고점에 매수하면 다시 더 떨어졌다 오를 수도 있다.

주식의 특성 중에 떨어지는 주식은 더 많이 떨어지고 오르는 주식은 더 많이 오르는 경향이 있다. 따라서 손실이 난 종목은 손실이 더 커지고 이익이 난 종목은 이익이 더 커지는 경우가 대부분이다.

사람은 육체를 가지고 있기 때문에 주식투자를 할때에도 육체의 습성을 연결지어 생각하는 특성이 있다. 예를 들어, 한쪽 팔이 고장 나면 다른 쪽 팔에 더 큰 힘이 생겨서 고장 난 팔의 역할을 대신 감당하게 된다.

기업이 고장 났다면? 기업이 나빠져서 주가가 하락하면 사람들은 육체를 인식하듯 시간이 지나고 때가 되면 이 기업이 좋아지겠지 하는 기대 심리가 있다.

기업이 나빠지면 일차적으로 핵심 인력들이 어느새 알고 빠져나간다. 좋아지고 있는 기업은 뛰어난 인재들이 그 기업에 입사하려고 노력하지만, 기업이 나빠지면 연구 인력부터 이탈하기 시작한다. 즉 기업의 한 부분이 고장 나면 다른 부분에 힘이 생기는 것이 아니라 전체가 함께 나빠지기 때문에, 한번 나빠진 기업이 좋아지기는 매우 드물다.

리더십이 작동하지 않으면, 아무리 뛰어난 인력이 들어와도 경직된 조직 문화 속에서 자기 능력을 발휘하기 어렵다. 특히 핵심 연구 인력의 경우, 자기 능력 발휘할 수 없게 되면 미련 없이 회사를 떠나면 그만이다.

결론적으로 한번 나빠진 기업은 더 나빠지기가 쉽고, 좋아지는 기업은 더 좋아지기 쉽다. 그러한 이유로 주가가 상승하는 종목은 더 상승하고 하락하는 종목은 더 하락하는 경향을 보인다.

인생들에게 노고를 주사

일하는 자가 그의 수고로 말미암아 무슨 이익이 있으랴
하나님이 인생들에게 노고를 주사 애쓰게 하신 것을 내가
보았노라 <전도서 3:9-10>

모든 것에는 다 때가 있다. 분주히 움직이며 애를 쓰
지만 얻어지는 것이 없다. 그렇게 우리를 괴롭게 하시는
것은 고생을 통해 인생들을 단련시키기 위함이다.

주식투자는 어떻게 해야 수익을 얻을 수 있을지에 대
한 답이 있을 듯하지만, 실시간으로 이루어지는 상승과
하락, 매수와 매도 때문에 해답을 찾기 쉽지 않다.

사람들은 어떻게든 수익을 내기 위해 주식투자에서 자
기만의 방법을 찾으려고 애를 쓴다. 고난을 겪고 나서
단련되어 수익을 얻는다면 얼마나 좋겠는가?

돈으로 고난을 겪고 나면 황폐해진 심리만 남을 뿐이
다. 실패의 경험이 또 다른 실패를 낳을 뿐이지, 단련을
통해 성공으로 이어지기는 쉽지 않다.

하나님의 관점에서 보면, 주식투자는 '가두리 양식장'
에서 벌어지는 먹이 다툼일 뿐이다. 그 매매 시장에서

내가 사랑과 선을 결부시켜 수익을 얻는다고 말할 수 있겠는가?

물질 세상에 내몰려 돈 없이 살 수 없는 현실에서 주식투자는 수익을 얻는 통로일 뿐이다. 주식시장은 늘 새롭게 변화하기 때문에 과거의 경험에 집착하는 것은 대부분 무익하다.

때에 맞게 아름답게 지으셨고

하나님이 모든 것을 지으시되 때를 따라 아름답게
하셨고 또 사람들에게는 영원을 사모하는 마음을
주셨느니라 그러나 하나님이 하시는 일의 시종을
사람으로 측량할 수 없게 하셨도다
<전도서 3:11>

하나님은 만물을 지으시되 각각의 때에 맞게 아름답게
지으셨고, 사람의 마음속에 영혼을 간직하게 하셨다. 그
러나 하나님의 한결같음을 사람이 어찌 그 깊이를 깨달
을 수 있겠는가.

내 마음이 선하다고 내 마음에 평화를 줄 수 없고 나
를 구원할 수도 없다. 하나님은 우리를 위해 당신의 아
들을 십자가에서 죽게 하시고 부활하게 하셨다. 그리고
우리가 이를 믿음으로써 우리를 죄에서 구원하시고 영원
한 생명을 얻게 하셨다.

이 얼마나 아름다운 일인가? 누가 그 일을 행하심의
깊이를 헤아릴 수 있겠는가?

청보랏빛 피어난 수레국화에게 아침 인사를 한다. 아

침 햇살에 황홀한 눈빛으로 피어 있는 그 모습이 얼마나
아름다운지. 하나님이 지으신 그 아름다운 색의 눈빛을
바라다본다.

수레국화

못 본 사이, 가지 않는 사이
청보랏빛 꽃들이 가득 피었구나
구름 속에 있다 왔을 것 같은
어느 하늘 속에서 있었을 것 같은
시야의 끝을 덮는 물결
잠간 왔다 사라지지만
찰나를 전부처럼 살아간다면
꽃 피우는 순간
둥지를 틀고
영원을 만들고 싶네
- 시집 『수묵화로 사는 나무처럼』 중

수고함으로 낙을 누리는 것

사람들이 사는 동안에 기뻐하며 선을 행하는 것보다 더
나은 것이 없는 줄을 내가 알았고 사람마다 먹고 마시는
것과 수고함으로 낙을 누리는 그것이 하나님의 선물인
줄도 또한 알았도다
<전도서 3:12-13>

"욕구는 채워져야 하는 것이지 없애면 안 되는
것이다. 그것은 생명을 차단하는 행위이다. 새가
중력의 법칙을 거슬러서 하늘을 날아다니듯이 인
생은 기도라는 날개 위에 올라타서 하나님 나라에
이르게 된다."

<선다싱의 예수님과 대화> 중

욕구가 불만족일 때 욕구를 채우려 하게 되고, 이 과
정에서 불만족은 지속된다. 하지만 욕구가 채워졌든 비
워졌든, 어떤 상황에서든 감사하는 마음을 가지게 되면
감사가 곧 기쁨이 된다.

하나님께 은혜를 받아 성령이 임하면, 욕구와 관계없
이 마음속에 기쁨이 샘솟아 모든 일에 감사하게 된다.

하나님의 기쁨이 임하면 선한 마음에서 선한 행동이

나오고, 기쁨이 더해질 때 사랑이 더욱 깊어진다.

　먹고 마시는 것과 수고함으로 낙을 누리는 것에 대해 하나님께 감사하며, 삶이 선으로 인도될 때, 진정한 기쁨은 '기도'라고 하는 새의 날개를 타고 하나님 나라에 이르게 된다. 하나님 나라를 이루는 믿음을 소유하게 되는 것이다.

하나님을 경외하는 자에게

하나님께서 행하시는 모든 것은 영원히 있을 것이라 그
위에 더 할 수도 없고 그것에서 덜 할 수도 없나니
하나님이 이같이 행하심은 사람들이 그의 앞에서
경외하게 하려 하심인 줄을 내가 알았도다
<전도서 3:14>

하나님이 하시는 모든 일은 영원하다. 더하지도 덜하
지도 않게 하나님이 하시는 것은 사람들이 하나님을 경
외하게 하려는 것이다.

"세상에서는 평안이 없다.
갈증만 더 생기고 찾을 수 없다.
양파 껍질을 계속 벗기면서
벗기다 보면 뭐가 나오겠지?
그런 생각을 하고 계속 벗겨보지만
나오는 것은 마지막 껍질밖에 없다.
마찬가지로 세상에 속한 모든 것은
다 허망하다는 것이 증명되어 있다."
<선다싱의 예수님과 대화> 중

내 주식이 떨어지면 마음이 심히 우울해질 수밖에 없지만, 언제부턴가 하나님이 내 마음에 기쁨의 샘을 만들어서 그 기쁨이 솟아오른다. 때에 따라 기도할 때 음성을 들려주시기도 하고, 사람을 보내어 그를 통해서 모르는 것을 알게 해 주시기도 하면서, 나를 늘 새롭게 움직이게 한다.

주식시장은 언제나 희망과 절망이 극한으로 교차하여 사람들은 우울증에 빠지고 마음이 황폐해진다. 우울한 마음을 떨치기 위해서라도 하나님을 찾아 기쁨을 맛보아야 한다. 하나님을 경외하는 자에게 하나님은 기쁨을 주시기 때문이다.

과거를 배워서 미래를 분석하는

이제 있는 것이 옛적에 있었고 장래에 있을 것도
옛적에 있었나니 하나님은 이미 지난 것을 다시
찾으시느니라 <전도서 3:15>

주식투자로 돈을 잃고 버는 일은 끙끙 힘쓴다고 되는
것도 아니다. 돈을 잃었다고 절망할 것도 없고, "내가 투
기했나? 투자했나?" 만 돌아보면 된다.

투자를 하고도 잃었다면 그것은 인내가 부족했기 때문
이다. 분명 전쟁은 전쟁인데 누가 죽었는지 살았는지 보
이지 않는 싸움을 한다. 그래서 그냥 돈만 벌면 된다는
생각을 갖게 된다. 나도 그렇게 인생을 살아왔지만, 되돌
아보니 주식투자로 번 돈은 '피'와 같아서 잘 써야 한다.

종목을 매수할 때나 매도할 때나 정도(正道)가 있다는
것을 생각하게 되었다. 주식투자 인생을 되돌아보며 내
가 인간으로 살아왔는가를 반성해 본다.

과거나 현재를 막론하고 어떤 종목에 투자하든지 거의
유사한 고민을 반복하다 보면 쉬울 법도 한데, 판단과

결정의 순간에는 목숨이 걸린 듯이 몸부림치며 생각하는 것은 동일하다.

'돈'을 놓고 벌이는 전투가 아니라, '피'를 놓고 벌이는 전투와 다를 바 없다. 실수를 반복하는 것도 여전하며, 만약 자신의 실수를 수정하지 못하고 반복한다면 주식투자를 중단해야 한다.

뻔해 보이는 전투 같은데 전혀 그렇지 않은 것은 현재가 아닌 미래에 투자하기 때문에 다가오는 미래의 불확실성을 예측하기란 쉽지 않기 때문이다. 그럼에도 과거를 배워서 미래를 분석하는 주식투자는 수익에 연연하지 않는 정도(正道)가 있다.

기업을 분석하는 순서

또 내가 해 아래에서 보건대 재판하는 곳 거기에도
악이 있고 정의를 행하는 곳 거기에도 악이 있도다. 내가
내 마음속으로 이르기를 의인과 악인을 하나님이
심판하시리니 이는 모든 소망하는 일과 모든 행사에 때가
있음이라 하였으며
<전도서 3:16-17>

내가 기업을 분석하는 순서는 다음과 같다.

첫째, 자본총계의 건전성을 본다.

기업의 신용도를 높이면 이자율이 낮아지기 때문에 부
실은 감추고 자산 가치는 부풀려져 있는 경향이 있다.
부채비율이 낮은 건실한 기업은 세금 때문에 자산 가치
를 오히려 낮추는 경향이 있다.

둘째, 부채와 이자율의 건전성을 본다.

정부의 정책 자금의 경우 대출이자가 시중 이자율의
절반 수준일 경우가 있다. 기업이 쓰고 있는 이자율의
높낮이가 시간이 지나고 보면 주가 상승의 높낮이가 되
는 경우가 많다. 기업의 이자율과 주가 상승은 반비례한

다고 보면 된다.

셋째, 기술의 독과점과 성장성에 주가 상승은 비례한다.

현재의 매출과 영업이익 그리고 영업이익률 변화가 중요하다 하지만 더 나아가 기술의 독점성과 성장성을 파악해야 한다. 미래의 진입장벽이 높고, 실적이 크게 증가할 수 있는 기업이 높은 주가 상승을 이끌게 된다

주식투자를 할 때 세력이나 주가조작 관점에서 접근하면, 분석이 주식투자의 본질에서 벗어나게 된다.

주가조작으로 수익을 얻으려 한다면 자신의 역량으로 움직일 수 있는 종목을 선택하게 되고, 이 경우 부실주와 우량주의 투자 기준이 모호해진다.

주식은 투자하고 나서 인내의 과정에서 많은 외부 변수가 생기는데, 투자 관점이 잘못되면 낭패를 보기 쉽다.

내가 전업투자자로 오랫동안 존재하는 이유는 올바른 투자 관점을 가지고 있기 때문이라고 생각한다. 많은 투자자를 보았는데 대체적으로 투자 관점이 잘못되어서 망한 사람은 망했으면서도 돈만 생기면 본인의 방식을 고집하다 다시 망한다. 또 어떤 사람은 감옥에도 가고 어디론가 사라지고 없는 경우도 많다.

본성이 짐승과 동일해지는 것은

내가 내 마음속으로 이르기를 인생들의 일에 대하여 하나님이 그들을 시험하시리니 그들이 자기가 짐승과 다름이 없는 줄을 깨닫게 하려 하심이라 하였노라 인생이 당하는 일을 짐승도 당하나니 그들이 당하는 일이 일반이라 다 동일한 호흡이 있어서 짐승이 죽음 같이 사람도 죽으니 사람이 짐승보다 뛰어남이 없음은 모든 것이 헛됨이로다 다 흙으로 말미암았으므로 다 흙으로 돌아가나니 다 한 곳으로 가거니와 인생들의 혼은 위로 올라가고 짐승의 혼은 아래 곧 땅으로 내려가는 줄을 누가 알랴 <전도서 3:18-21>

한마디로 사람이 짐승과 동일하다는 의미는 '악하게 살았다' 는 의미다. 주식투자에 실패하고 극한 상황이 이르고 보면, 내 본성이 짐승과 동일해지는 것을 느낄 때가 많다.

"악한 영은 어느 곳이나 갈 수 있는 완전한 자유가 있지만, 이 자유는 오히려 감금된 것보다 나쁘다. 왜냐하면 자기 미래에 닥칠 일들에 대한 의식이 마음을 사무치게 하여 회한과 절망만 남게 한다. 위안을 구하지만 찾을 수 없다.
차라리 죽음을 바라나 죽음도 오지 않는다.

"왜 회개하지 않았니?"

"소용없어. 회개할 기회를 잃어버렸어."

천사가 말하기를 "이 존재는 희망이 없다.
왜냐하면 그의 본성이 바뀔 가능성이 없다.
인간의 본성은 땅에서 살 때 만들어진다."

그때 하나님이 희미한 불빛으로 나타나시니, 그
희미한 불빛조차도 어둠의 영에게는 견딜 수 없이
너무나 환해서 견딜 수 없었고, 얼굴을 땅에 처박
으며 넘어졌다.

선한 영이 이 모습을 지켜보고 있다가 비유로
말해주었다. "도자기를 만들 때 흙으로 빚어서 불
로 굽는데 흙으로 만들어 아직 축축할 때에는 그
것을 다양한 모양으로 다시 빚을 수 있지만 화덕
에서 한번 구어진 후에는 다시 빚으려고 하는 시
도는 단지 그릇을 깰 뿐이다."

<선다싱이 만난 마하리쉬의 영계>중

주식투자에 실패를 반복한 사람은 완전한 자유가 주어
져 있지만, 그 자유에는 실패에 대한 두려움이 섞여 있
어 감금된 상태보다 못한 자유인으로 살아간다.

실패를 반면교사로 삼아 같은 실패를 반복하지 말아야
하지만, 이미 도자기처럼 구어진 본성 때문에 똑같은 실
패를 반복하면서 '대박'을 꿈꾸는 경우가 허다하다.

인간의 삶에는 항상 자신을 반성할 기회가 주어지고 변화할 기회가 주어지지만, 안타깝게도 바뀔 가능성이 전혀 없는 존재가 되어 살아가는 경우가 허다하다.

자기 자신을 다양한 모양으로 다시 빚을 수 있게 마음을 유연하게 갖지 않는다면, 화덕에서 도자기로 구워진 후에도 쓸모가 없어 깨어져 버리는 인생이 될 뿐이다.

> "불의를 행하는 자는 그대로 불의를 행하고 더
> 러운 자는 그대로 더럽고 의로운 자는 그대로 의
> 를 행하고 거룩한 자는 그대로 거룩하게 하라"
> <요한계시록 22:11>

하나님 나라에서 불의한 자는 계속 불의할 것이고 의로운 자는 계속해서 의를 행할 것이다

주식투자에서 손해 보는 자는 계속 손해를 볼 것이고 수익을 내는 자는 계속 수익을 낼 것이다. 주식투자는 결국 반성을 통해 바뀌어야 하고, 그래서 실패의 반복을 끊어내야 한다.

개미의 줄

마음의 어느 틈인가
개미가 들어왔는지

내 잎을 잘게 잘라서
줄지어 물어 나른다

마음속 깊은 사연을
위로해 보지만
눈을 감으면
막았던 틈이 다시 뜯기고
개미가 물어간 흔적
시커먼 빈 공간

너덜너덜한 마음으로
호흡을 하려니
바람이 빠진다
잘려나간 잎으로도
아직은 살아낼
마음의 흔적

- 시집 『부러진 나무의 눈빛들』 중

제3부
고난의 진정한 동행

진정한 기쁨은 진정한 믿음에서

그러므로 나는 사람이 자기 일에 즐거워하는 것보다 더 나은 것이 없음을 보았나니 이는 그것이 그의 몫이기 때문이라 아, 그의 뒤에 일어날 일이 무엇인지를 보게 하려고 그를 도로 데리고 올 자가 누구이랴
<전도서 3:22>

사람은 자신에게 주어진 일에 대하여 자기의 그릇만큼 기쁨이라고 생각하지만, 죽은 후에는 기뻐하고 싶어도 기뻐할 수가 없다.

하나님을 기뻐하는 사람은 자기 일을 즐거워하게 되어 있다. 사람은 일을 통하여 자아를 실현하며 그 수고의 열매를 통해 풍성해지지만, 일이 단순히 먹고사는 수단으로 바뀌면 그 수고는 고통이 된다.

죽은 후에 더 큰 기쁨을 누가 알겠는가? 살아서 자기 일로 하나님을 더 크게 기뻐하라! 선이 없으면 죄이고, 빛이 없으면 어둠이듯 진정한 기쁨은 하나님을 믿는 믿음에서 나온다.

미래가 불확실할 때 괴로워지고 우울해지는데, 이것이

바로 하나님을 기뻐하지 않는 죄이다.

주식투자에 있어서 상승에 대한 신뢰를 잃을 때 매도하게 된다. 종목에 대한 투자는 돈에 대한 단기 전망이 아니라 미래의 가치 전망으로 장기 투자를 해야 한다.

결국 무엇이든 그 현실에서 나타나는 현상과 상관없이, 그 일과 그 종목을 기뻐하느냐에 투자 성공이 달려 있다.

해 아래에서 행해지는 모든 억압

내가 다시 해 아래에서 행하는 모든 학대를 살펴
보았도다 보라 학대 받는 자들의 눈물이로다 그들에게
위로자가 없도다 그들을 학대하는 자들의 손에는 권세가
있으나 그들에게는 위로자가 없도다. 그러므로 나는 아직
살아 있는 산 자들보다 죽은 지 오랜 죽은 자들을 더
복되다 하였으며, 이 둘보다도 아직 출생하지 아니하여 해
아래에서 행하는 악한 일을 보지 못한 자가 더 복되다
하였노라. <전도서 4:1-3>

내가 다시 해 아래에서 행해지는 모든 억압을 살펴보
았도다. 보라, 억압받는 자들은 눈물을 흘리지만 아무도
위로하는 사람이 없고, 그들을 억압하는 자들은 힘이 있
으나 억압받는 자들을 아무도 위로하지 않는다.

그러므로 나는 이미 죽은 자들이 산 자들보다 더 낫다
고 감탄한다. 그리고 나는 아직 태어나지 않아서 태양
아래에 일어나는 악한 일을 본 적이 없는 이런 사람들이
더 낫다고 생각한다.

인간의 죄 때문에 예수님이 이 땅에 오셨기에 하나님
의 무한한 사랑이 드러나게 된다.

고난을 겪어본 사람은 지금은 힘들지라도 편안함 얼마나 좋은지 깨닫게 된다. 죄로 무뎌지면 마음이 무뎌지고 죄로 인해 고통을 느껴야 하지만, 고통마저 무뎌지게 된다.

억압받다 보면 억압받는 것이 당연해지고, 죄를 짓다 보면 죄에 대해 마음이 무뎌지지만, 사랑은 하면 할수록 기쁨이 더 커진다.

"나쁜 소년들이 와서 열매가 풍성한 나무에 열매를 따 먹기 위해 돌을 던진다.

나쁜 소년들이 나무를 아무리 괴롭혀도 나무는 화를 내지 않는다. 그냥 열매를 떨어뜨려 줄 뿐이다. 사람들이 너를 비판할 때 화내지 말고 달콤한 사랑의 열매를 맛보게 해 주어라"

<선다싱의 예수님과 대화>중

풍성한 나무가 때가 되면 꽃이 피고 열매를 맺는다. 누군가 그것을 따 먹기 위해 돌을 던지든 말든, 그냥 베풀며 살아가는 것이 인생이다.

미련한 사람은 팔짱을 끼고

우매자는 팔짱을 끼고 있으면서 자기의 몸만
축내는도다 두 손에 가득하고 수고하며 바람을 잡는
것보다 한 손에만 가득하고 평온함이 더 나으니
<전도서 4:5-6>

미련한 사람은 팔짱을 끼고 제 살을 갉아먹는다. 팔짱
을 끼고서는 아무것도 할 수가 없다. 결국 가만히 몸만
축내는 것 외에는, 한 줌 가득 채우고 평안을 누리는 것
이 두 줌 가득 채우고 헛수고하는 것보다 낫다.

"죄라는 것은 하나님의 뜻을 던져버리고 자신의
의지대로 사는 것을 뜻한다. 이렇게 살게 되면 진
실한 것을 버리면서 살 수밖에 없다. 욕망을 충족
시키기 위해 살면 행복할 거라고 착각하는데 행복
을 얻을 수 없다. 불법을 저지르는 사람들이 돈도
많고, 잘 사는 것 같이 보이지만 부러워할 필요는
없다. 하나님은 내면의 기쁨으로 진정한 행복을
주신다."

<선다싱의 예수님과 대화> 중

"인간은 진리의 생명수를 찾으려 하지만 인간의
마음속에서 찾으려 하지 말라 찾으려 해도 그것을
찾을 수 없다. 깨끗한 마음을 갖고 기도로서 예수
님에게로 나오는 사람만 생명수의 근원을 찾을 수
있다. 생명의 물을 받아 마시려면 순전한 마음으
로 기도로써 주님에게로 나가야 한다."

<선다싱의 예수님과 대화> 중

주식시장에서 돈을 많이 번 사람을 많이 보았지만, 끝
까지 그 돈을 지키며 결과가 좋은 사람을 찾기 힘들었
다. 그래도 투자 원칙이 분명한 사람은 자신을 지킬 줄
안다.

주가조작으로 감옥에 갔다 온 사람은 다시 주가조작을
하려 하고, 급등주를 쫓다 망한 사람은 돈만 생기면 다
시 급등주를 쫓는 모습을 흔히 보아왔다.

주식시장에서 투자 원칙이 분명하지 않으면, 이성적으
로 판단하고 행동했다고 해도 결국 허상을 쫓는 것이다.

고난의 진정한 동행

또 두 사람이 함께 누우면 따뜻하거니와 한 사람이면
어찌 따뜻하랴 한 사람이면 패하겠거니와 두 사람이면
맞설 수 있나니 세 겹 줄은 쉽게 끊어지지 아니하느니라
<전도서 4:11-12>

주식투자에서는 우군과 적군의 구별이 없다. 돈을 벌
면 친구, 돈을 잃으면 원수밖에 안 되는 동행하기도 힘
든 외로운 싸움이다.

같은 종목에 투자하더라고 사람마다 매매하는 습성이
각각 다르다. 따라서 내가 보유하고 있다고 해도 동행을
구분할 수도 없을뿐더러, 주가가 급등락을 반복하다 보
면 주변 사람은 하나둘 떠나가고 결국 혼자 남는 경우가
많다.

돈이 매일 급등락을 하는데 함께 눕는다고 등이 따뜻
하겠는가? 두 사람이 힘을 합친다고 한들 시장에 맞설
수 있겠는가?

내가 시장 흐름에 흘러가는 것이지, 시장을 거스르는
것이 아니다. 흘러가다 보면 내 의지와 무관한 시점에서
수익의 결과가 결정된다.

"아기가 세상에 태어나자마자 울부짖는다. 아기가 울지 않으면 오히려 그게 잘못된 것이다. 그래서 아기 엉덩이를 탁탁 친다. 울라고, 그 엉덩이를 왜 때리나? 숨 쉬라고 때리는 것이다. 아기 폐가 제대로 작동할 수 있도록 숨 쉬라고 아기를 때려서 울린다. 마찬가지로 하나님은 때때로 자기 자녀들을 고통과 고난으로 때려서 울부짖게 한다.

기도의 숨결이 그들의 영의 허파를 통해 터지게 하기 위함이며, 그리하여 그들이 새로이 원기를 얻어 끝없는 생명 안에 거하게 하려 함이다."

<선다싱의 예수님과 대화>중

주식투자는 고통과 고난을 인내로 이겨내는 일일 뿐, 동행은 의미가 없다. 동행이 있다면, 누가 어떻든 나의 손익을 따지지 않고 심정적으로 의의 길을 가면 된다.

더러 큰 고통이 올 때도 있다. 나에게 오는 고통을 미래의 종목 분석에 반드시 반영시킬 줄 알아야 희망이 있다.

하나님의 보호 아래

가난하여도 지혜로운 젊은이가 늙고 둔하여 경고를 더
받을 줄 모르는 왕보다 나으니 그는 자기의 나라에서
가난하게 태어났을지라도 감옥에서 나와 왕이
되었음이니라 <전도서 4:13-14>

남의 말을 받아들일 줄 모르는 늙고 어리석은 왕보다
가난해도 지혜로운 젊은이가 낫다. 그런 젊은이는 그 나
라에서 가난하게 태어났어도 감옥에 있다가도 나와서 왕
이 되어 다스릴 수 있다.

"양들은 울타리와 양치기에게서 벗어나 정글에
서 좋은 목초지를 찾을 수 있다. 하지만 그들은
늘 야생 짐승들에게 갈기갈기 찢길 위험에 처해
있으며, 결국 그게 그들의 운명이 될 것이다.
하지만 양치기와 함께 울타리 안에 머물러 있는
양들은 비록 겉으로는 아프고 허약해 보일지라도
분명 위험으로부터 안전하며 양치기의 보호 아래
에 있다.

그 보호 아래에 있다는 것이 그들의 운명이 될 것이다. 하나님 믿는 사람은 지금 별로 못 사는 것 같고, 허약해 보이고, 무시당할 것처럼 보여도 사실 그들이 가장 안전하다.

아무리 겉으로 봤을 때 돈이 많고 번지르르하고 잘 사는 것처럼 보여도, 사실 그들은 정글에서 야생 짐승들에게 갈기갈기 찢길 위험에 처해 있으며, 이것이 그들의 운명이 될 것이다."

<선다싱의 예수님과 대화> 중

주식시장은 지혜로워야 끝까지 살아남을 수 있으며, 어리석음은 용납되지 않는 곳이다.

돈의 울타리 안에서 헛된 인생을 살 것인가? 아니면 하나님 품 안에서 영원한 생명을 얻을 것인가? 는 믿음의 선택일 뿐이다.

진정으로 지혜로운 자는 물질에 얽매이지 않고, 하나님을 믿는 믿음 안에서 기쁨으로 사는 것이다

말씀을 귀 기울여 듣는 것이

너는 하나님의 집에 들어갈 때에 네 발을 삼갈지어다
가까이 하여 말씀을 듣는 것이 우매한 자들이 제물
드리는 것보다 나으니 그들은 악을 행하면서도 깨닫지
못함이니라 <전도서 5:1>

너는 하나님의 집에 갈 때 네 걸음을 조심하여라. 가
까이 다가가 하나님 말씀을 귀 기울여 듣는 것이 자기가
잘못한 줄도 모르는 어리석은 사람들이 제물을 드리는
것보다 낫다. 이는 어리석은 사람들이 자신들이 악을 행
한다고 생각하지 않기 때문이다.

"불신자와 신자의 삶은 초기에는 상당한 유사점
을 보이지만, 종말이 올 때에는 마치 뱀과 누에처
럼 극명한 차이를 나타낸다.
뱀은 아무리 많이 허물을 벗어도 여전히 뱀일
뿐, 그 이상 아무것도 될 수 없다. 하지만 누에는
자기의 흉측한 고치를 벗어던지고 새로운 피조물
이 되어 앙증맞고 귀여운 나방으로서 공중을 날아

다닌다.

마찬가지로, 신자는 육체를 벗어버리고 영적인 영광의 상태에 들어가 천국에서 영원히 날아다니는 반면, 죄인은 죽음 이후에도 여전히 죄인일 뿐이다.

누에는 고치 안에 갇혀서 마치 십자가에 매달린 것처럼 힘든 투쟁을 할지라도, 바로 이 투쟁과 고난의 상태가 그곳에 날개의 힘을 길러주어 앞으로 날아다닐 삶을 준비하게 한다."

<선다싱의 예수님과 대화> 중

하나님을 믿게 되면 "보시기에 좋았더라" 하신 창조의 기쁨, 즉 아름다움에 눈을 뜨게 된다.

지혜로운 사람과 어리석은 사람의 차이는 거룩함과 죄를 또렷이 구별할 줄 아는 데서 비롯된다.

입을 쉽게 놀리지 말고

너는 하나님 앞에서 함부로 입을 열지 말며 급한
마음으로 말을 내지 말라 하나님은 하늘에 계시고 너는
땅에 있음이니라 그런즉 마땅히 말을 적게 할 것이라
걱정이 많으면 꿈이 생기고 말이 많으면 우매한 자의
소리가 나타나느니라 <전도서 5:2-3>

네 입을 쉽게 놀리지 말고 조급한 마음에 하나님 앞에
아무 말이나 내뱉지 말아야 한다. 하나님은 하늘에 계시
고 너는 땅에 있으니 네 말수를 적게 하여라. 일이 많으
면 꿈을 많이 꾸듯이. 말이 많으면 어리석은 소리가 나
오기 마련이다.

"밀 씨앗이 땅에 묻히면 태양의 빛과 따뜻함을
받아서 새싹이 밖으로 튀어나온다. 하지만 순을
틔워서 흙 밖으로 나오기 전에 땅의 어두운 자궁
속에서 한동안 누워 있어야 한다. 그러면 때를 따
라 열매를 맺게 된다. 사람도 그와 마찬가지다."
<선다싱의 예수님과 대화> 중

고통의 가치, 죽음의 가치

네 입으로 네 육체가 범죄하게 하지 말라 사자 앞에서
내가 서원한 것이 실수라고 말하지 말라 어찌 하나님께서
네 목소리로 말미암아 진노하사 네 손으로 한 것을
멸하시게 하랴 <전도서 5:6>

카타르싱의 순교시

"봐라, 힌두 여자가 시종 드는 것을,
죽은 사랑을 위해서
시체를 화장하려고 쌓아놓은 나뭇단에 올라간
다.
죽은 남편과 함께 불살라지는 힌두 여인의 사랑
내 사랑이 그것보다 못하랴
다시 만나지도 못할 사랑을 위해 불살라지는데
나는 얼마를 더 해야겠는가
주님을 위해 기쁘게 죽으리
나의 죽음에 이유를 묻지 않으리"
<선다싱의 예수님과 대화> 중

이 시의 배경은 형벌로 야크 가죽에 꿰매져 태양볕 아
래에 내던져진 카타르싱의 순교를 배경으로 한다. 동물

가죽에 피부를 꿰매어 햇볕에 두면, 가죽이 말라비틀어지면서 피부가 뜯겨 나가는 고통 속에서 죽는 것이다. 손발이 모두 묶인 채 죽음을 앞둔 그가 마지막으로 손 하나만 풀어달라고 해서 쓴 시인 것이다

주식투자로 돈을 벌기 위해서 몸부림치면 마음속에 평안이 없다. 내면에 평안이 없으면 입에서 나오는 말이나 행동 등 모든 것이 좋을 리 없다.

고난이 축복임을 깨달아 고난을 겪을 때 하나님의 임재가 더욱 선명해지는 삶을 살아야 한다. 내가 십자가를 지는 것 같지만 사실은 십자가가 나를 지탱해 준다. 그럴 때 비로소 하나님의 기쁨을 맛볼 수 있는 것이다.

돈으로 고통을 당하는 것과 순교자의 고통은 무엇이 다른가? 어쩌면 같은 고통일지도 모른다. 어쩌면 같은 의미로 고통을 견디는지도 모른다. 어쩌면 같은 기쁨의 결과를 기다리는지도 모른다. 그러나 무엇을 사랑하느냐의 차이가 천국과 지옥의 차이를 만든다.

재물이 재난을 당할 때

그 재물이 재난을 당할 때 없어지나니 비록 아들은
낳았으나 그 손에 아무것도 없느니라
그가 모태에서 벌거벗고 나왔은즉 그가 나온 대로
돌아가고 수고하여 얻은 것을 아무것도 자기 손에 가지고
가지 못하리니
이것도 큰 불행이라 어떻게 왔든지 그대로 가리니
바람을 잡는 수고가 그에게 무엇이 유익하랴
일평생을 어두운 데에서 먹으며 많은 근심과 질병과
분노가 그에게 있느니라 <전도서 5:14-17>

재물은 어떤 재앙이 닥치면 몽땅 잃어버릴 수 있다 아
들을 낳았다 해도 물려줄 것이 하나도 남지 않을 수 있
다.

그가 모태에서 벌거벗고 나올 때처럼 돌아갈 것이며,
열심히 일해서 얻는 것을 아무것도 가져가지 못할 것이
다. 사람이 올 때처럼 되돌아가는 것인데 겨우 한 자락
바람을 잡으려 이토록 열심히 일했으니 무슨 이익이 있
겠는가? 사람은 평생을 어둠 속에서 먹고 슬픔과 병마에
시달리며 분노할 뿐이다.

"네가 지금 나를 보는 것처럼 나를 볼 준비가
그동안 되어 있지 않았다. 이런 어려움을 겪고 나

서야 이제 내 모습을 그대로 볼 수 있다. 하지만 실제로는 나는 항상 너와 함께 있었다.

너는 지금 내가 너 옆에 앉아 있으니까 기뻐하고 있는데, 더 중요한 사실은 네가 이렇게 육체의 모습으로 옆에 앉아 있는 나를 보고 즐거워하는 것보다, 네 마음과 영혼 속에서 나의 임재를 느끼는 것이다.

너의 역경조차도 너를 준비시키는 과정이었다. 나를 더 잘 알게 하기 위해 너의 역경이 너를 준비시킨 것이다. 이런 어려움과 시련들이 너의 마음을 확장시켰다.

그리고 너의 마음속 내면의 평화가 필요하다는 사실을 깨닫게 해 준 것이다. 너의 힘이 바닥났을 때, 더 이상 네 힘으로 어찌할 수 없을 때, 밑바닥을 쳤을 때에야 비로소 네가 믿음으로 나에게 도움을 요청하러 오게 된 것이다." <선다싱의 예수님과 대화> 중

"구하라 그리하면 너희에게 주실 것이요 찾으라 그리하면 찾아낼 것이요 문을 두드리라 그리하면 너희에게 열릴 것이니"

<마태복음 7:7>

예수를 만난 자, 하나님을 보는 자

사람이 하나님께서 그에게 주신 바 그 일평생에 먹고
마시며 해 아래에서 하는 모든 수고 중에서 낙을 보는
것이 선하고 아름다움을 내가 보았나니 그것이 그의
몫이로다 <전도서 5:18>

"하나님은 왜 이렇게 나타나지 않으십니까?

나의 아들아, 모든 사람의 내적인 상태를 내가
잘 알고 있다. 각 사람의 마음속에 그 사람이 필
요한 대로 나 자신을 드러낸다.

사람을 의의 길로 인도하기 위해 나 자신을 나
타내는 것보다 더 좋은 방법은 없다. 하나님인 내
가 사람에게 처음으로 나의 모습을 보인 것이 바
로 사람이 된 것이다.

내가 사람을 위해서 나는 사람이 되었다. 사람
이 나를 알게 하려고 내가 사람이 되었다.

하나님은 사랑이 많으신 분임을, 그리고 사람과
닮은 하나님을 알게 하려고 내가 사람이 되었다.
왜냐하면 사람은 하나님의 형상으로 만들어진 존
재이기 때문이다.

그분은 이해할 수 없는 분이시기 때문이다. 하

나님을 이해하려면 하나님과 똑같은 속성과 본성을 가지고 있어야 한다. 그러나 사람은 이해할 수 있는 존재, 즉 피조물이기에 하나님을 직접 볼 수 없는 것이다.

하나님을 이해할 수 있는 사람은 하나님과 똑같은 속성과 천성을 가지고 있어야 한다. 사람은 이해할 수 있는 존재이며, 이해할 수 있는 피조물이다. 그렇기 때문에 하나님을 볼 수가 없다.

하나님은 사랑이시므로, 인간에게도 똑같은 사랑의 능력과 그분의 특성을 부여하셨다. 인간의 갈망을 만족시켜 주기 위해 하나님께서는 사람이 이해할 수 있는 존재의 형태를 택하셨고, 그래서 하나님이 인간이 되신 것이다..

'나를 본 자는 아버지를 보았거늘 어찌하여 아버지를 보이라 하느냐(요한복음 14:9)' "

<선다싱의 예수님과 대화> 중

해 아래에서 하나님이 사람으로 오신 예수님을 아는 것이 가장 선하고 아름다운 지혜다.

하나님을 믿는 믿음의 근본이 기쁨이므로 해 아래에서 사는 날 동안 믿음 안에 이보다 큰 낙은 없다.

성령의 인도함을 받을 때

사람이 비록 백 명의 자녀를 낳고 또 장수하여 사는
날이 많을지라도 그의 영혼은 그러한 행복으로 만족하지
못하고 또 그가 안장되지 못하면 나는 이르기를 낙태된
자가 그보다는 낫다 하나니 낙태된 자는 헛되이 왔다가
어두운 중에 가매 그의 이름이 어둠에 덮이니 햇빛도
보지 못하고 또 그것을 알지도 못하나 이가 그보다 더
평안함이라 그가 비록 천 년의 갑절을 산다 할지라도
행복을 보지 못하면 마침내 다 한 곳으로 돌아가는
것뿐이 아니냐 <전도서 6:3-6>

지혜자는 사람이 자녀를 백명을 낳고 아무리 오래 산
다고 하여도 마음이 행복을 찾지 못하고, 매장되지 못하
고 죽는다면, 차라리 낙태된 아기가 그 사람보다 낫다고
말한다.

사산아는 허무하게 왔다가 어둠 속에 사라지고 그 이
름조차 어둠 속에 묻힌다. 사산아가 비록 햇빛도 보지
못하고 아무것도 알지 못한다 하더라도, 그 사람보다 더
큰 안식을 누린다.

설령 그 사람이 천 년의 두 배를 산다 해도 행복을 맛
보지 못한다면 둘 다 같은 곳으로 가는 것이 아닌가?

"나와 아버지와 성령은 하나다. 태양은 열기와 빛이다. 태양에서는 열기가 빛이 아니고 빛이 열기가 아니다.

그 나타나는 모습은 다른 형태를 취하고 있지만, 나와 성령은 둘 다 하나님 아버지에게서 나오는데 나와 성령은 빛과 열기다. 이 세상의 빛과 열기다. 나는 빛이고 성령은 열기다. 둘 다 하나님 아버지에게서 나왔고 또 하나다.

성령은 세례를 주는 불이다. 성령님은 우리 마음속에 있는 죄를 불태운다. 나는 어두운 사악한 욕망을 없애고 의의 길로 이끈다. 종국에는 영원한 고향으로 데려가는 것이 나의 목적이다.

'증언하는 이가 셋이니 하늘에서 증거하시는 이는 하나님과 말씀과 성령이고, 땅에서 증거하시는 이는 성령과 물과 피라 또한 이 셋은 합하여 하나이니라' (요한일서 5:7-8)"

<선다싱 예수님과 대화> 중

부요함도 성령의 인도함을 받을 때 의미가 있다. 주식투자로 몸부림칠 필요가 없다. 욕심을 멀리하면 주식투자에도 성령의 인도하심이 있다.

모든 수고가 자기 입만 위한다면

사람의 수고는 다 자기의 입을 위함이나 그 식욕은
채울 수 없느니라 <전도서 6:7>

사람이 수고한 것이 다 자기 입을 위하는 것이라면,
그 욕심을 누가 채워줄 수 있겠는가? 욕심이 잉태되어
분노를 낳으면 그것이 또 다른 고난을 만드는 악순환이
이어진다. 이기심의 결과는 불안감을 유발하고 그것이
증폭되어 두려움이 될 때 인생은 망가진다.

고난이 축복이라는 말을 들었을 때, 지금 겪는 고난만
으로도 죽을 것 같은 나에게 '하나님은 축복해 주시려고
고난을 주시는 분' 이라고 생각할 수 있다

하지만 하나님이 고난을 주시는 것이 아니라, 오히려
고난을 통해 그분을 깨닫고 이기심을 넘어 사랑을 깨닫
는다면 고난이야말로 축복이 아니겠는가?

이기심을 빼고 고난을 바라보면 진정으로 겪는 고난은

많지 않다. 지금 겪는 고난의 이면에는 대부분 이기심의
결과가 숨어 있다.

눈먼 물고기

"나 때문에 고생이 많았네"
그렇게 의자에 앉아 사진을 찍는다
"이 사진 어디다 쓸까?"
"그새 임자 고생 많았네"

강물 위에 배만 뜬 것 같지만
그림자도 강물에 있지

시장터 좌판에서
눈멀어 파는 물고기
눈먼 물고기
지팡이로 가늠하는 인생길

지팡이를 내밀어
너의 눈이 될 때
고무대야 머리에 이고서
지팡이 잡고 길을 더듬는다
                    - 시집 『부러진 나무의 눈빛들』 중

인생에 진정으로 선한 것

헛된 생명의 모든 날을 그림자 같이 보내는 일평생에
사람에게 무엇이 낙인지를 누가 알며
그 후에 해 아래에서 무슨 일이 있을 것을
누가 능히 그에게 고하리요 <전도서 6:12>

그림자처럼 허무하게 흘러가는 날들 속에서 인생에 진
정으로 선한 것이 무엇인지 누가 알겠는가? 죽은 다음에
해 아래 무슨 일이 있을지 누가 말해주겠는가?

"하나님은 사랑이시다. 그분은 모든 생물에게,
특히 인간에게 사랑의 능력을 넣어 주셨다. 그러
므로 사람에게 생명과 이성과 사랑을 주신 하나님
이 마땅히 사랑을 돌려받는 것은 옳은 일이다.
그분은 자신이 창조한 모든 것에 이 소원을 품
고 계시며, 이 사랑이 제대로 사용되지 않으면,
즉 온 마음과 힘을 다해 창조주를 사랑하지 않으
면, 그 사랑은 이기심이 되어 버린다. 그리하면
하나님의 창조물에 재난이 닥치게 된다. 모든 이
기적인 사람은 이상하게도 자신을 죽이는 자가 된
다.

내가 이렇게 말했다. '내 이웃을 내 몸과 같이 사랑하여라.' 그러하면 그 사랑의 불 안에 녹아 형태가 잡히고 하나님의 형상으로 만들어지는 것이다.

전심으로 하나님을 사랑하고 이웃을 사랑하면 그 사람 안에는 쇠를 녹여서 그 거푸집에다 넣어서 모양을 만드는 것처럼, 사랑이라는 불에 녹아 하나님의 형상으로 만들어지는 것이다."

<선다싱 예수님과 대화> 중

하나님을 사랑하고 이웃을 사랑하며 살아가는 것이다. 하나님 뜻 안에서 살면 고난조차 헛되지 않은 것이 인생이다.

주식투자를 할 때는 이기심을 버리고 물 흐르듯 순응하는 것이다. 침묵해야 할 때 무엇인가 해야 할 것 같아서 일을 저지르고 실수한다. 나무에 물을 자주 주면 죽는 것처럼 사랑도 억지로 애쓰는 것이 아니라 자연스럽게 하는 지혜가 필요하다.

자연을 통해 보이시는 하나님

눈으로 보는 것이 마음으로 공상하는 것보다 나으나 이
것도 헛되어 바람을 잡는 것이로다
<전도서 6:9>

직접 눈으로 보는 것이 상상으로 생각하는 것보다 낫
다. 그러나 이것 또한 허무하고 뜬구름 잡는 일이다

"자연이라는 책에서 나는 자유로이 나를 드러낸
다. 하지만 이 책을 읽기 위해서는 영적인 통찰력
이 필요하다. 그래야 나를 찾을 수 있다. 그렇지
않으면 나를 찾는 대신에 길을 잃을 위험이 있다.
맹인은 자기의 손가락 끝을 눈처럼 이용해 오직
감각만으로 책을 읽는다. 하지만 만지는 감각만으
로는 그 책의 진가를 진정 평가할 수 없다.
무신론자들이 조사하는 것이 이 사실을 증명한
다. 이는 그들이 완벽함 대신에 결함만을 보기 때
문이다.
허물을 찾는 비판론자들은 이렇게 묻는다. 이

세상에 전능한 창조자가 존재한다면 왜 그 안에 허리케인, 지진, 일식, 월식, 고통, 고난, 죽음과 같은 결함들이 존재하는가? 이런 어리석은 비난은 미완성된 건물이나 그림을 보고 흠을 잡는 어리석은 사람들의 비난과 같다.

시간이 지나 완성된 작품을 보게 된다면 그는 자신의 어리석음을 부끄러워하고 그 작품들을 찬양할 것이다.

이처럼 하나님도 이 세상을 단 하루 만에 완성시키지 않으셨으며, 이 세상 또한 하루 만에 완벽에 도달하지 않을 것이다.

피조물 전체는 완벽을 향해 나아가고 있는 것이다. 이 세상의 사람이 하나님의 눈으로 결함 없는 완벽한 세상을 멀리서 바라볼 수 있다면, 그 역시 그분 앞에 허리를 굽혀 찬송하며 모든 것이 '매우 좋다'라고 말할 것이다.

'하나님이 지으신 그 모든 것을 보시니 보시기에 심히 좋았더라' (창세기 1:31)"

<선다싱 예수님과 대화> 중

민들레

흙 속에서 노란색만 찾았을까
웃음을 찾다 보니
햇빛에서 노란색을 뽑았을까

흙을 어떻게 먹으면
꽃으로 피어낼까
색깔의 순도 위에
햇살이 파르르 떤다

노란색 완전한 순도
순결한 사랑으로 꽃필 때
그때 비로소 땅 아래
흙의 마음을 본다

꽃잎마다 제각기 눈을 뜨고
나를 찬찬히 올려다 보는데
노란 꽃으로 수를 놓는
마음의 눈을 열고
내 눈을 너에게로 맞춘다

- 시집 『아득한 손』 중

하나님의 보호아래에 놓이면

좋은 이름이 좋은 기름보다 낫고
죽는 날이 출생하는 날보다 나으며
<전도서 7:1>

"인간의 영은 껍질 안에 병아리가 머물듯 육체 안에 머문다. 껍질 안에 있는 새에게 껍질 밖으로 나오면 온갖 종류의 과일과 꽃, 강, 거대한 산들이 펼쳐진 넓은 세계가 있고, 어미를 만날 수 있다고 말해줘도 새는 그 말을 이해하거나 믿을 수 없을 것이다.

깃털과 눈을 통해 보고 날 수 있다고 들어도 새는 믿지 않을 것이며, 새가 자기 껍질에서 나올 때까지 그 어떤 증거도 소용없을 것이다. 마찬가지로 미래의 삶과 하나님의 존재를 확신하지 못하는 사람이 많다.

그들은 이 껍질 같은 육체를 넘어서는 볼 수가 없기에, 그들의 생각이 마치 연약한 날개와 같아서 비좁은 생각의 감금 장소인 두뇌를 넘어 스스로 날아서 갈 수가 없다.

그들의 약한 눈은 하나님이 자기를 사랑하는 자들을 위해 예비하신 영원하고 시들지 않는 보물들을 발견할 수가 없다.

이 영원한 생명에 도달하기 위한 조건은 다음과 같다. 육체에 머물러 있는 동안 믿음에 의해 성령으로부터 병아리가 어미 닭에게 받는 생명의 온기를 받아야 한다. 그렇지 않으면 죽음과 영원한 상실의 위험이 있다.

사람들은 시작이 있는 생명은 반드시 끝이 있어야 한다고 말한다. 이것은 사실이 아니다. 자기 뜻대로 무에서 유를 창조할 수 있는 전능자가 자신의 능력의 말씀으로 자기가 만든 것에게 불멸성을 부여할 능력이 없겠는가? 그렇지 않다면 그는 전능자라고 불릴 수 없다.

이 세상의 생명은 쇠퇴와 파멸을 면할 수 없어 보인다. 왜냐하면 그것 또한 변화하고 사라질 수밖에 없는 것들에 종속되어 있기 때문이다.

그러나 이 생명이 덧없음과 썩어짐의 영향에서 벗어나고, 영원한 생명의 근원이신 영원한 하나님의 보호 아래에 놓이면 죽음의 손아귀에서 벗어나 영생에 도달하게 될 것이다.

'내가 그들에게 영생을 주노니 영원히 멸망하지 아니할 것이요' (요한복음 10:28)

'이제도 있고 전에도 있었고 장차 올 자요 전능

한 자라 하시더라' (요한계시록 1:8)"
<선다싱 예수님과 대화>중

주식을 하든, 사업을 하든, 사람은 인생의 덧없음과 육
신과 영혼의 썩어짐의 영향에서 벗어나고 싶은 욕망이
있다. 그런데 영원한 생명의 근원이신 하나님의 보호 아
래에 놓이면 죽음의 공포와 죄의 유혹에서 벗어나 영생
을 얻을 수 있게 된다.

그러므로 내가 그리스도를 위하여 약한 것들과 능욕과
궁핍과 박해와 곤고를 기뻐하노니 이는 내가 약한 그 때에
강함이라 <고린도후서 12:10>

내가 연약할 때, 아무것도 보이지 않을 때, 추스름조차
힘들어 모든 것을 내려놓았을 때, 오히려 하나님은 보이
지 않는 힘이 되어 주신다.
무엇보다 필요한 것은 나의 강함이 되시는 하나님 대
한 믿음이다.

삶의 한계를 인식하라

초상집에 가는 것이 잔칫집에 가는 것보다 나으니 모든
사람의 끝이 이와 같이 됨이라 산 자는 이것을 그의
마음에 둘지어다 슬픔이 웃음보다 나음은 얼굴에
근심하는 것이 마음에 유익하기 때문이니라 지혜자의
마음은 초상집에 있으되 우매한 자의 마음은 혼인집에
있느니라 <전도서 7:2-4>

죽음 앞에 섰을 때, 이 땅에서 가져갈 수 있는 것은
아무것도 없다. 지금 추구하는 것이 그만한 가치가 있는
가? 영원히 가지고 갈 수 없는 것이 정말 가치가 있는
것일까?

죽음은 삶의 군더더기를 잘라내고, 본질만 남긴다. 죽
음을 생각하는 것은 헛된 삶을 살지 않기 위함이다. 사
라지지 않을 영원한 가치를 찾는 것이다.

삶의 한계를 인식하고 세월을 아껴야 한다. 예수님의
가르침을 통해 다시금 깊이 성찰해보자

"내가 주릴 때에 너희가 먹을 것을 주었고 목마
를 때에 마시게 하였고 나그네 되었을 때에 영접
하였고 헐벗었을 때에 옷을 입혔고 병들었을 때에
돌보았고 옥에 갇혔을 때에 와서 보았느니라. 이

에 의인들이 대답하여 이르되 주여 우리가 어느
때에 주께서 주리신 것을 보고 음식을 대접하였으
며 목마르신 것을 보고 마시게 하였나이까

어느 때에 나그네 되신 것을 보고 영접하였으며
헐벗으신 것을 보고 옷 입혔나이까 어느 때에 병
드신 것이나 옥에 갇히신 것을 보고 가서 뵈었나
이까 하리니

임금이 대답하여 이르시되 내가 진실로 너희에
게 이르노니 너희가 여기 내 형제 중에 지극히 작
은 자 하나에게 한 것이 곧 내게 한 것이니라 하
시고" <마태복음 25:35-40>

지혜의 풍요와 물질의 풍요

지혜는 유산 같이 아름답고 햇빛을 보는 자에게 유익이
되도다. 지혜의 그늘 아래에 있음은 돈의 그늘 아래에
있음과 같으나, 지혜에 관한 지식이 더 유익함은 지혜가
그 지혜 있는 자를 살리기 때문이니라
<전도서 7:11-12>

지혜와 물질의 풍요는 함께 좋다. 그리고 미래를 보는
사람이 지혜를 얻으면 더욱 유익하다. 왜냐하면 지혜가
사람을 보호하는 것과 돈이 사람을 지켜주는 것은 같기
때문이다. 지혜만이 지혜로운 사람의 생명을 지켜줄 수
있다. 이것이 바로 지식의 유익이다.

하나님이 세상을 창조하고 '보시기에 좋았더라' 는 감
탄으로 비롯된 창조를 바라보면 영혼이 아름다워지지만,
인간이 창조한 주식시장은 오직 매매와 돈의 권력이 존
재하는 곳이기에 이익이든 손해든 영혼이 피폐해진다.
주식시장은 모두가 돈으로 전쟁하는 곳이다. 전쟁에서
이기려면 상승할 명분을 찾고, 전쟁터에서 하나님을 바
라볼 용기가 있어야 한다.

지나치게 의인이 되지도 말며

지나치게 의인이 되지도 말며 지나치게 지혜자도 되지
말라 어찌하여 스스로 패망하게 하겠느냐
지나치게 악인이 되지도 말며 지나치게 우매한 자도
되지 말라 어찌하여 기한 전에 죽으려고 하느냐
너는 이것도 잡으며 저것에서도 네 손을 놓지 아니하는
것이 좋으니 하나님을 경외하는 자는 이 모든 일에서
벗어날 것임이니라 <전도서 7:16-18>

의를 행함에 있어 과하지 말고 지나치게 지혜를 과시
하지 말아야 한다. 멸망을 자초할 필요가 있겠는가? 의
로운 일이라도 지나치면 자만에 빠져 오히려 멸망하게
된다.

지나치게 잘못을 저지르지 말며 우매한 사람이 되지도
마라. 굳이 명을 재촉할 필요가 있겠는가? 악한 사람이
악을 행하였더라도 악이 지나치면 명을 재촉해 일찍 죽
겠지만, 우매하지 않으면 잘못을 저질렀더라도 멈추어
용서를 구할 줄 알기에 오히려 오래 산다.

그러므로 의를 행함에 과하지 않는 것이 좋고, 지나치
게 악인이 되는 것은 화를 자초하는 일이니, 하나님을
경외하는 사람은 이 두 가지를 경계해야 한다.

사람은 행동하기 전에 깊이 생각해야 하지만, 때로는 감정에 의해 행동할 때가 있다. 내가 기도하거나 행동할 때 얼마나 감정적인가를 돌아보아야 한다.

의로운 사람인가, 악한 사람인가, 객관적인 사람인가, 감정적인 사람인가?

선한 행실에 감정이 지나치게 개입되면 그 선한 행실이 화를 부를 때가 있고, 악한 행실에 객관적인 사람이라면 양심을 저버린 행동으로 인해 화를 부르기도 한다.

주식시장에서는 감정적으로 왜곡하고 오판해서 낭패를 보는 사람을 흔히 볼 수 있다.

주식투자로 손해를 보게 되면 의도 악도, 지혜도 우매도, 다 쓸모없는 것이다.

그래서 나는 오직 하나님의 거울에 비추어서 하는 투자로 지속적인 이익을 내면서 생존해가고 있을 뿐이다.

기도가 안개처럼 피어올라

누가 지혜자와 같으며 누가 사물의 이치를 아는 자이냐
사람의 지혜는 그의 얼굴에 광채가 나게 하나니 그의
얼굴의 사나운 것이 변하느니라 <전도서 8:1>

"기도하는 사람의 소망과 생각들이 하늘로 올라
간다.

내 영혼에서 안개처럼 피어 올라간다.

내 영혼에서 뿜어져 나오는 소망과 생각들이 물
이 증발하듯 안개처럼 하늘로 피어오른다.

하늘로 올라가면 의로우신 태양 하나님께서 주
시는 빛이 있다.

기도가 안개처럼 올라가면서 그 속에 포함된 소
금기(죄)는 모두 남겨두고 올라간다.

기도로 소금기(죄)와 소망을 정화시키면 기도는
커다란 구름이 된다. 그리고 하늘에서 소나기처럼
떨어져 이 땅에 살고 있는 많은 사람들에게 상쾌
함을 준다."

<선다싱의 예수님과 대화> 중

지혜자의 기도가 안개처럼 피어올라 하늘에서 구름이 되고, 이 땅에 소나기처럼 떨어진다면 세상은 하나님의 광채로 가득하지 않겠는가?

"여호와는 나의 목자시니 내게 부족함이 없으리로다" <시편 23:1>

내 인생의 고난이 닥칠 때마다 절박하게 달려가면, 그때마다 '여호와가 나의 목자인데 무슨 걱정을 하느냐' 라는 답이 돌아왔다.

금식을 하며 매일 하루 종일 기도했지만, 여호와가 나의 목자가 되기는커녕 고난이 깊어지는 것이 대부분의 시련이었다.

하나님이 나의 목자이고 내 기도에 응답하는 것 또한 사실이다. 그러나 내가 이기심으로 드리는 기도에도 과연 응답하실까? 순전히 인간이 창조하고 법을 만든 주식 시장에서 하나님이 그 법과 질서를 무시하고 나를 위해 개입하는 것이 과연 옳은 일일까?

문제를 직시하여 손실을 줄여야 할 때 이성적인 판단은 뒤로하고 기도하는 것, 이것부터 믿음이 잘못되었다는 것을 깨달았다.

제4부

의심이 사라지려면

의심이 사라지려면

사람이 장래 일을 알지 못하나니
장래 일을 가르칠 자가 누구이랴
바람을 주장하여 바람을 움직이게 할 사람도 없고 죽는
날을 주장할 사람도 없으며 전쟁할 때를 모면할 사람도
없으니 악이 그의 주민들을 건져낼 수는 없느니라
<전도서 8:7-8>

미래의 일은 아무도 모르기 때문에 그에게 알려줄 사
람이 없다. 누구도 생명을 주관하고 생명을 유지할 권리
가 없다. 누구도 죽음의 시기를 주관할 권한도 없다. 싸
워 이긴다고 해서 선이 되는 것도 아니고 진정으로 이기
는 것도 아니다. 악도 악을 행하기를 좋아하는 사람을
구할 수 없다.

"하나님이 인간에게 부여한 능력들이 있다. 주
신 능력을 활용하지 않을 때 서서히 그 능력은 소
멸된다.
하나님을 향한 믿음이 살아계신 하나님께 고정
되지 않으면 깨어져 버린다. 죄의 충격으로 인해
믿음이 깨어져 버리고 또한 의심으로 변화된다.
사람이 죄를 지었기 때문에 죄의 행위로 말미암
아 하나님과의 연결선이 끊어진다.

그래서 의심이 온다. 의심은 영적인 고통이다.
하나님과 다시 연합하면 자연스럽게 의심이 사라
질 것이다."

<선다싱의 예수님과 대화>

주식투자를 할 때 내일의 변수를 알 수 없다. 그럼 왜
보유하는 것은 투자 종목의 미래 가치에 대한 믿음이 있
기 때문이다.

주가가 하락하면 그 믿음이 깨어져 버리고 의심이 들
기 시작한다. 그럼에도 투자 종목에 대한 믿음이 변하지
않을 때 장기 투자를 하는 것이다.

주식은 상승과 하락의 파동을 만들면서 가기 때문에,
그 작은 파동에 따라 매매를 하면 큰돈을 벌 수 없고 자
칫하면 이익은 줄고 손실은 커지는 결과를 만든다. 주식
투자도 종목에 대한 확고한 믿음이 있어야 이익을 극대
화할 수 있다.

성령의 인도하심에 따라

또 내가 하나님의 모든 행사를 살펴 보니 해 아래에서
행해지는 일을 사람이 능히 알아낼 수 없도다 사람이
아무리 애써 알아보려고 할지라도 능히 알지 못하나니
비록 지혜자가 아노라 할지라도 능히 알아내지
못하리로다 <전도서 8:17>

　기도하는 사람은 영원한 생명이 있는 본향이 있기 때
문에 하나님의 크고 광대한 계획을 다 이해하지 못하더
라도 성령의 인도하심에 따라 흔들림 없이 살아갈 수 있
다. 그러한 믿음에 선다싱은 이처럼 노래한다.

　"물새가 평생을 물속에서 헤엄치며 보내지만 하
늘로 날아오를 때가 오면 날개 깃털이 완벽하게
마른다. 이와 같이 기도하는 사람은 비록 이 죄로
오염된 세상에 살고 있지만, 더 높은 하늘로 비상
할 때가 오면, 죄로 오염된 세상을 벗어나 죄가
하나도 없는 영원한 안식처인 본향에 이르게 된
다."

<선다싱의 예수님과 대화> 중

하나님의 손안에 있으니

이 모든 것을 내가 마음에 두고 이 모든 것을 살펴
본즉 의인들이나 지혜자들이나 그들의 행위나 모두 다
하나님의 손 안에 있으니 사랑을 받는지 미움을
받을는지 사람이 알지 못하는 것은 모두 그들의 미래의
일들임이니라 <전도서 9:1>

하나님의 사랑을 받는 사람은 기도의 향기로 성령의
열매를 맺는 사람이다.

선다싱은 인간의 향기와 성장을 식물에 비유하여 가도
를 통한 성령과의 관계를 깨달음으로 전해준다.

"꽃들이 꽃잎을 피우고 자라나는 그 땅이 깨끗
한가요? 땅은 더럽고 냄새나는 흙이다. 불결하지
만, 그 불결한 땅에서 꽃은 아름답게 자란다.

그것뿐 아니라, 꽃에서 나오는 달콤한 향기가
그 땅의 흙냄새를 덮어버린다. 식물이 태양을 향
하고 있기 때문에 태양에서 빛과 온기를 받아서,
그 땅에 있는 더러운 오염된 것들이 식물에게 해
가 되지 않는다. 오히려 비료가 되어 식물을 자라
게 하고 성장시킨다.

마찬가지로 기도를 통해 하나님께 향하면 내가

비록 냄새나는 세상에서 살지라도 기도는 달콤한
향기로 세상을 덮어버린다.

달콤한 향기는 하나님 안에서 새로운 피조물이
되어 거룩한 삶에서 나오는 아름다운 향기이며,
이는 하나님을 영화롭게 한다. 그러면 그 사람 안
에서는 오직 달콤한 향기만 흘러나온다. 달콤한
향기가 날 뿐만 아니라 열매도 맺힌다."

<선다싱의 예수님과 대화>중

사랑으로 살아있는 희망을

모든 산 자들 중에 들어 있는 자에게는 누구나 소망이
있음은 산 개가 죽은 사자보다 낫기 때문이니라 산
자들은 죽을 줄을 알되 죽은 자들은 아무것도 모르며
그들이 다시는 상을 받지 못하는 것은 그들의 이름이
잊어버린 바 됨이니라 <전도서 9:4-5>

사람들은 상호 관계 속에서 서로의 기대를 품는다. 보
잘것없는 희망일지라도 살아 있을 때 가능하다.

사람은 모두 죽는다는 것을 안다. 그러므로 죽은 후에
는 아무것도 의미가 없음을 기억하고 현재에 충실한 삶
을 살아야 한다.

"어느 날 들판에서 옥수수를 수확하고 있었는데
한 사두가 와서는 종교를 설파하기 시작했다.

일을 방해하는 이 행위에 사두에게 몹시 신경질
적으로 욕을 퍼부었다. 하지만 저주나 협박의 말
에도 거의 개의치 않고 설교를 계속하였다. 이에
화가 난 내 형제가 돌을 들어 그의 머리를 때렸
다. 그러나 이 사두는 이런 모욕을 당하고도 눈을
감고 이렇게 말했다.

"오 주여 저들을 용서하소서"

한참 후 그 돌을 던진 내 형제는 갑자기 머리가 매우 아파서 수확하는 일을 그만두어야 했다.

　이 광경을 보고 그 사두는 내 형제의 낫을 취하여 옥수수를 수확하기 시작했다. 이 사두는 대체 어떤 사람이기에 앙갚음하는 대신에 내 형제를 위해 기도하는가? 그가 떠난 후에 한가지 놀라운 사실을 알게 되었다.

　이 사두가 수확한 땅은 그렇게 많은 옥수수를 소출한 적이 없었고, 올해는 극심한 폭우로 흉작이었음에도 불구하고 작년 이맘때보다 훨씬 많은 수확을 거두었다는 것이다. "

<선다싱의 생애> 중

　하나님의 사랑하는 자는 사나 죽으나 현실을 초월해서 살아간다. 그 초월은 사랑으로만 가능하다.

　주식투자에서도 사랑이 있으면 물질을 초월해서 인내할 수 있지만, 그렇지 않으면 수익을 내는 것 이외에는 그 어떤 의미도 부여할 수 없고 오직 승패만 있을 뿐이다. 많은 낭패는 물질만을 사랑하는 마음에서 나온다.

영원까지 이어지는 여정

분명히 사람은 자기의 시기도 알지 못하나니
물고기들이 재난의 그물에 걸리고 새들이 올무에 걸림
같이 인생들도 재앙의 날이 그들에게 홀연히 임하면
거기에 걸리느니라 <전도서 9:12>

하나님의 입장에서 인간을 돕는 것은 매우 쉬운 일이
다. 하지만 하나님께서도 어려운 일은 당신의 섭리와 법
에 따라 사람들이 다치도록 허락하는 것이다. 왜냐하면
하나님은 사람에게는 자유의지를 주셨기 때문이다.

"언젠가는 모든 고통이 끝나고 하나님과 연합
하여 영원한 안식을 누릴 수 있다. 사람은 결코
한 가지 것에 오랫동안 만족하지 못한다. 얻으
면 흥미를 잃고 또 다른 것을 찾게 된다.
환경과 상황을 늘 바꾸고 싶어 한다. 이로 인
해 마음에 쉼이 없는 불안한 상태가 지속된다.
이 세상에 있는 것은 결코 내 영혼을 만족시킬
수 없다는 것을 이미 알고 있다."

<선다싱의 예수님과 대화>중

얼어붙은 강물 위에서

얼음 위에 쌓이는 눈
그 위에 햇살 끓이면
너에게 빛이 튀어
나를 눈멀게 한다

뾰족한 나무 끝이
손끝 퉁기며 춤을 추고
순톨이 입술 열어 노래하면
얼음 위에 빛들이 춤을 춘다

나무 끝 위에서
내 노래에 내가
춤으로 너와 손을 맞잡고

반사된 빛에 눈부시게
춤을 추고 나면
내 눈은 너로 멀겠지

얼어붙은 강물 위에서
내 춤에 반사되는
나를 본다
그 빛에 눈이 멀고

- 시집 『부러진 나무의 눈빛들』 중

향기로운 인생을 꿈꾸는

죽은 파리들이 향기름을 악취가 나게 만드는 것 같이 적은 우매가 지혜와 존귀를 난처하게 만드느니라 <전도서 10:1>

"날은 더웠고, 태양은 머리 위로 밝게 빛나고 있었다. 선다싱은 잠시 쉬려고 길가에 앉았다. 한 가난하게 생긴 남자가 그의 뒤를 양 한 마리와 함께 따라오는 것을 보았다.

반대편에 그 남자가 앉더니 자기의 양을 어루만지며 매우 사랑스럽게 끌어안기 시작했다. 선다싱은 처음에는 그를 별로 주목하지 않았다.

그러나 그 남자가 자기 양을 너무도 다정하게 사랑하는 것을 보고 다가가서 왜 어린 양을 그토록 사랑하는지 묻지 않을 수 없었다.

그 남자가 대답하기를

"양은 놀라운 동물이에요. 양은 나에게 겸손, 유순, 복종을 가르쳐 주죠. 항상 주인을 따라다니고, 주인의 목소리를 구별하고, 주인에게 애정이 깊어요."

선다싱은 그 남자의 지혜롭고 의미 깊은 말을

들고 놀랐다. 그래서 그 남자가 일어나서 자기 길
을 떠날 때 그의 뒤를 조용히 따라갔다.

그를 따라잡으려고 서둘렀지만, 아무리 빨리 걸
어도 변함없이 단조로운 걸음걸이의 그 남자를 따
라잡을 수 없다는 사실에 놀랐다. 길가의 작은 덤
불에 도착하자 그 남자와 양은 모두 덤불 뒤로 사
라졌다."

<선다싱의 생애> 중

이 이야기에서 우리는 죽은 파리 한 마리가 향기름을
악취나게 하기도 하지만, 하나님의 말씀 앞에 겸손하고
유순하며 복종하는 삶이 얼마나 아름다운 향기를 남기는
가 돌아보게 된다.

흙냄새를 다 덮고도 남을 향기로운 사랑으로 꽃피우며
하나님 나라를 꿈꾸는 것이다.

우매한 투자 판단의 재난

내가 해 아래에서 한 가지 재난을 보았노니 곧
주권자에게서 나오는 허물이라
우매한 자가 크게 높은 지위들을 얻고 부자들이 낮은
지위에 앉는도다
또 내가 보았노니 종들은 말을 타고 고관들은 종들처럼
땅에 걸어 다니는도다 <전도서 10:5-7>

나는 해 아래서 재난을 보았다. 허물이 있는 권세자가 다스리면 부조리로 가득해진다. 어리석은 자가 아첨을 잘해서 지위를 얻고, 지혜로운 자는 낮은 지위에 있게 된다. 질서가 무너지니 종들이 말을 타고 고관들이 종들처럼 땅에 걸어 다닌다.

주식시장에서 재난이 있다면 그것은 부실 종목이 세력에 의해 급등하거나, 기업의 가치와 무관하게 차트만으로 급등 종목을 쫓는 것이다.

부실한 종목이 세력에 의해 급등할 때 투자하여 수익을 얻으면 같은 방식의 투자를 반복하게 되고, 결국 큰 실패를 겪게 된다.

종목에 대한 투자 판단을 할 때 차트도 참고하지만, 기업의 성장 가치를 우선적으로 고려해야 한다.

독점적 기술력에 의한 큰 성장성이 있는 종목과 부실 종목의 차트가 동일할 경우, 차트 분석만으로 옥석을 가려낼 수 없다. 따라서 종목을 분석할 때 차트는 보조적 수단으로 활용하고, 기업의 성장성 가치를 핵심 기준으로 삼아야 한다.

기업 아무리 많은 자산 가치를 보유하고 있더라도 주가는 항상 초저평가인 종목이 수두룩하다. 그렇기 때문에 주식투자는 성장성이 핵심이다. 한 번의 투자 판단이 인생의 성패를 좌우하는 경우가 허다하다. 그래서 우매한 투자 판단이야말로 재난이다.

이익을 취하려 머리를 쓰지만

함정을 파는 자는 거기에 빠질 것이요 담을 허는 자는
뱀에게 물리리라
돌들을 떠내는 자는 그로 말미암아 상할 것이요
나무들을 쪼개는 자는 그로 말미암아 위험을 당하리라
철 연장이 무디어졌는데도 날을 갈지 아니하면 힘이 더
드느니라 오직 지혜는 성공하기에 유익하니라
주술을 베풀기 전에 뱀에게 물렸으면 술객은 소용이
없느니라 <전도서 10:8-11>

이익을 취하려 머리를 쓰지만 스스로 자신의 꾀에 빠지고, 남의 이익을 뺏으려 하지만 오히려 자신이 화를 당한다.

담을 허는 자(남의 땅을 탐함)는 뱀이 더 쉽게 접근할 수 있으므로 뱀에게 물리기 쉽다. 더 큰 이익을 보려고 무리하게 하는 일이 오히려 위험을 가져온다.

철 연장 날이 무뎌져 힘은 들지만, 지혜로 능히 힘든 것을 극복할 수 있다. 아무리 영험한 술법이라도 이미 벌어진 일을 다시 복구할 수는 없다.

누군가 큰 호재를 알려준단다. 그래서 내가 이렇게 대답했다. "주식시장에서 두 눈이 있는 것은 한 눈으로 본

것을 한 눈으로 버리라는 것이고, 두 귀가 있는 것은 한 귀로 듣는 것을 한 귀로 버리라는 것이다."

눈으로 본 것이나 귀로 들은 것을 마음에 담아두면 낭패를 당할 때가 많다. 주식시장에는 많은 정보가 난무하다. 그러나 나에게 그 정보가 도착했을 때 그것에 반응하면 흔히 설거지당하기 쉽다.

수익을 얻기 위해서는 내 지혜에서 나오는 분석에 의존하고, 분석을 믿어야 한다. 잘못된 투자 판단을 내리면 상황을 되돌리기 어렵다. 심리적인 혼돈 상태에 빠져 어떤 행동을 해도 큰 손실을 입을 수 있기 때문이다. 초심으로 돌아가 다시 분석하고 처음부터 다시 시작해야 한다.

지혜로운 사람의 말

지혜자의 말들은 은혜로우나
지혜자의 입의 말들은 은혜로우나 우매자의 입술들은
자기를 삼키나니
그의 입의 말들의 시작은 우매요 그의 입의 결말들은
심히 미친 것이니라 <전도서 10:12-13>

지혜로운 사람은 긍정적인 좋은 말을 하지만, 미련한 사람은 자신이 뱉은 말로 인해 자멸한다. 스스로 지혜롭다고 여기지만, 그의 말은 어리석고 분별이 없으며 말끝은 간사하고 오만방자하다.

주식투자를 할 때는 긍정적으로 바라보는 시각이 있어야 한다. 주가가 급등락하기 때문에 투자 종목에 대해 부정적인 생각이 조금만 스며들어도 심리 속에서 두려움으로 바뀌게 된다. 그러므로 종목을 보유하고 매도할 때까지는 긍정적인 생각을 유지해야 안정된 마음으로 인내할 수 있다.

물론 기업의 장점과 단점을 분석하는 것을 옳지만 장점을 지나치게 부풀려서 환상을 갖거나, 주가가 하락할 때 기업의 단점만 부각하여 절망해서도 안 된다.

생각이 지나치게 감정적일 때 심리가 무너지기 쉽다.

주식투자는 혼자만의 고독한 싸움으로, 긍정적인 생각이 인내를 낳고 내 부정적인 생각이 두려움을 만든다는 것을 알아야 한다. 어떤 생각을 갖느냐에 따라서 투자 판단이 확연히 달라진다는 점을 명심해야 한다.

숲의 눈동자

물 묻은 나뭇잎
영롱한 눈동자를 느낀다
내가 그들을 바라보니
그들이 나를 보는 눈들
수많은 눈동자로 채워진
숲의 반짝거림 앞에서
살짝 해 오를 때
수다스런 사랑을
눈빛으로 본다

(정상조 시, 2025. 8. 26)

남의 말만 듣고 의존하면

왕은 어리고 대신들은 아침부터 잔치하는 나라여 네게
화가 있도다 왕은 귀족들의 아들이요 대신들은 취하지
아니하고 기력을 보하려고 정한 때에 먹는 나라여 네게
복이 있도다 <전도서 10:16-17>

준비되지 않아 아첨하는 신하들의 말에 휘둘리는 왕은
잔치에만 정신이 팔려 있어 화를 당할 것이다. 뜻이 확
고한 왕이 되어 신하들과 함께 정한 때에 음식을 먹으며
나라를 다스리면 복이 있다.

나무는 하는 일이 거의 없다. 나무는 뿌리를 내려서
영양분과 물을 빨아들이는 것을 제외하고는 하는 일이
거의 없다.

예수님은 부활하신 생명이 있다. 내가 생명을 빨아들
이면서 그 안에 머무르면, 자연스럽게 의의 열매가 맺힌
다.

"예수께서 들으시고 이르시되 두려워하지 말고

믿기만 하라 그리하면 딸이 구원을 얻으리라 하시
고” <누가복음 8:50>

구원받은 사람은 선행이 그냥 자연스럽게 열매로 나타
나게 된다.

주식투자는 어떤 특별한 행위나 결단을 내려야만 돈을
버는 것이 아니다. 좋은 종목에 나무처럼 뿌리를 박고
인내심이라는 물을 빨아들이고 있으면 돈이 자연스럽게
벌린다.

주가가 오르면 상상이 환상이 되고, 주가가 내리면 불
안감이 두려움으로 변한다. 이것은 근본적으로 투자 종
목에 대한 믿음이 없는 것이고, 또한 내가 나를 믿지 못
하기 때문이다. 스스로를 믿지 못하고, 종목의 비전도 믿
지 못한다면, 주식투자로 수익을 얻기란 어려운 것이다.

이기심으로 가득 차면

너는 네 떡을 물 위에 던져라 여러 날 후에 도로
찾으리라 일곱에게나 여덟에게 나눠 줄지어다 무슨
재앙이 땅에 임할는지 네가 알지 못함이니라
<전도서 11:1-2>

주식투자를 할 때 좋은 종목에 과감하게 투자하고, 장
기 투자로 훗날에 많은 수익을 얻을 수 있어야 한다. 그
리고 수익을 나눌 줄 알아야 한다.

나눔은 이기심을 버리고 사랑을 선택한다는 것이므로
매사에 여유를 갖게 된다.

이기심으로 가득 차면 적은 돈에도 심리가 급변하여
큰돈을 벌지 못하고, 잦은 매매로 손실만 키우게 된다.

구름에 비가 가득하면

구름에 비가 가득하면 땅에 쏟아지며 나무가 남으로나
북으로나 쓰러지면 그 쓰러진 곳에 그냥 있으리라 풍세를
살펴보는 자는 파종하지 못할 것이요 구름만 바라보는
자는 거두지 못하리라
바람의 길이 어떠함과 아이 밴 자의 태에서 뼈가
어떻게 자라는지를 네가 알지 못함 같이 만사를
성취하시는 하나님의 일을 네가 알지 못하느니라
너는 아침에 씨를 뿌리고 저녁에도 손을 놓지 말라
이것이 잘 될는지, 저것이 잘 될는지, 혹 둘이 다 잘
될는지 알지 못함이니라
빛은 실로 아름다운 것이라 눈으로 해를 보는 것이
즐거운 일이로다 <전도서 11:3-7>

구름에 비가 가득하면 반드시 땅에 쏟아진다. 나무는
남쪽으로 쓰러지거나 북쪽으로 쓰러지거나, 쓰러진 곳에
그냥 있는 법이다.

바람의 방향을 보는 자는 씨를 뿌리지 아니하고, 구름
을 바라보는 자는 수확하지 아니한다. 이리저리 재다 보
면 결국 아무 일도 하지 못하는 것이다.

바람이 어디에서 오는지 뼈가 임산부의 태중에서 어떻
게 자라는지는 여전히 알 수 없듯이, 만사를 행하시는
하나님의 일은 더욱 더 알 수 없다.

아침에 씨를 뿌리고 저녁에도 손을 쉬지 마라. 너는 어느 것이 번성할지 모르기 때문이다.

하나님의 때는 알 수가 없다. 열심히 일했다면 언제 결실을 맺을지 너무 염려하지 말고, 하나님이 주신 순수한 기쁨을 누리며 기다릴 줄 알아야 한다. 일상에서 흘러가는 해를 보는 것이 얼마나 즐거운 일인지 잊지 말고 누려야 한다.

오랫동안 주식투자를 하면서 늘 10배씩 수익을 올렸다는 사람을 만났다. "나는 영리한 사람이 결코 아닙니다" 라는 말을 항상 입에 달고 살았다.

그 사람의 투자 방법은 단순하다. 투자 종목의 미래 비전이 보이면 투자하여 그 비전이 성취될 때까지 본업에 충실하면서 인내하는 것뿐이었다. 투자하고 주가 급등락에는 눈길도 주지 않았다.

나도 주식투자로 성공한 것 같지만, 그 투자자 앞에서는 실패자임을 인정한다. 1년씩 장기 투자를 하다 지쳐서 매도하고 나면 수십 배 오른 종목이 많았다.

결과가 어떻든 나의 분석과 판단을 믿고, 하나님이 일하시는 시기를 기다리면서 하나님이 주신 순수한 기쁨을 누리는 것 또한 잊지 말아야 한다. 결국 그러한 사람이 승리자가 된다.

주식투자를 하는 순간

사람이 여러 해를 살면 항상 즐거워할지로다 그러나
캄캄한 날들이 많으리니 그 날들을 생각할지로다 다가올
일은 다 헛되도다 <전도서 11:8>

주식투자를 하는 순간 캄캄한 많은 날을 보내야 한다.
역설적으로 돈에 대해 갈망할수록 평안을 잃어버리기에
결국 승리할 수 없다.

"오직 내 마음이 하나님께로 향할 때만 갈망이
변화한다. 그리고 내 갈망이 더 이상 외부에의 물
질을 향하지 않을 때, 변하지 않는 완전한 평화가
찾아온다. 사람이 완전한 평안을 갈망하는 것은
영혼 깊은 곳에 그러한 소망이 있기 때문이다. 그
평안은 하나님으로부터 얻게 된다."
<선다싱의 예수님과 대화>중

지나가서 존재하지 않아도

그런즉 근심이 네 마음에서 떠나게 하며 악이 네
몸에서 물러가게 하라 어릴 때와 검은 머리의 시절이 다
헛되니라 <전도서 11:10>

다시 피어날 때

풀꽃 하나라도
긴 겨울 흙에서 잉태되고
순이 트는 때가 있다
햇살은
나를 가꾸어 꽃을 피우고
열매를 맺는다
태풍은
나를 튼튼하게 하고
지나갔을 뿐이다
무엇을 아름답다 말하겠는가
어떤 상황 속에서도 기뻐한다면
끝은 다 아름답다
허무하다 말하지 말라
이미 지나가고 없어도
사랑은 다시 새롭다

(정상조 시, 2025. 8. 28)

광야에서 나를 낮추시고

길거리 문들이 닫혀질 것이며 맷돌 소리가 적어질
것이며 새의 소리로 말미암아 일어날 것이며 음악하는
여자들은 다 쇠하여질 것이며
<전도서 12:4>

나이가 들어갈수록 활력을 잃을 것이며 잠이 적어져서
새소리에 쉽게 깨어난다. 기쁨과 즐거움도 사라지고 고
독해지는 인생은 광야와 같다.

"네 하나님 여호와께서 이 사십 년 동안에 네게
광야 길을 걷게 하신 것을 기억하라 이는 너를 낮
추시며 너를 시험하사 네 마음이 어떠한지 그 명
령을 지키는지 지키지 않는지 알려 하심이라" 〈신
명기 8:2〉

하나님은 광야에서 나를 낮추시고 시험하신다. 그리하
여 나의 마음속에 무엇이 있는지 알게 하시려고 광야에
서 방황하게 하신다.
삶의 의미가 없는 것처럼 보이지만, 하나님께서는 내

가 변함없이 믿음을 지키는지 확인하려고 광야를 허락하
셨다.

하나님은 광야에서 내 마음이 변화되기를 기다리신다.
하나님 앞에 나를 낮추고 순종할 때, 하나님은 은혜를
베풀어 주신다.

"내 자녀들은 세상의 소금과 같다.

소금의 결정체가 녹지 않으면 그 맛을 낼 수 없
듯이, 나의 자녀들이 사랑의 불과 성령 안에서 녹
지 않고서는 살아 있는 재물이 될 수 없다.

내가 너희들을 위해 겟세마네에서 녹아내렸고,
십자가에서 내 생명을 포기했듯이, 생명은 오직
생명으로만 갚을 수 있기에, 너희도 생명을 구원
하기 위해 너의 생명을 내어놓아야 한다."

<선다싱의 예수님과 대화> 중

육체에서 은 줄을 풀고

은 줄이 풀리고 금 그릇이 깨지고 항아리가 샘 곁에서
깨지고 바퀴가 우물 위에서 깨지고
흙은 여전히 땅으로 돌아가고 영은 그것을 주신
하나님께로 돌아가기 전에 기억하라 <전도서 12:6-7>

기도를 통해서 육체에서 은 줄을 풀고 영혼은 하나님
나라로 올라간 마하리쉬, 다윗, 요한, 바울, 동일한 간증
을 음미해 보자.

은 줄이 풀리고

"영혼과 육체를 연결하는 은 줄이 풀리면 흙으
로 만든 육체는 땅으로 돌아가고 영은 하나님께로
돌아가는 것을 기억하라"
<선다싱이 만난 성자 마하리쉬>

"인생은 그 날이 풀과 같으며 그 영화가 들의
꽃과 같도다 그것은 바람이 지나가면 없어지나니
그 있던 자리도 다시 알지 못하거니와"
<시편 103:15-16>

들의 꽃과 같이 번성하리니 이는 바람이 지나가면 다시 있지 아니하고 부활의 때에는 그가 있는 곳을 알지 못함이라 그의 영은 하늘로 올라가고 그의 육체는 땅으로 돌아갈 것이다 그날에 그의 모든 생각이 소멸되리라"

<외경 요한계시록>

"내가 그리스도 안에 있는 한 사람을 아노니 그는 십사 년 전에 셋째 하늘에 이끌려 간 자라 (그가 몸 안에 있었는지 몸 밖에 있었는지 나는 모르거니와 하나님은 아시느니라) 내가 이런 사람을 아노니 (그가 몸 안에 있었는지 몸 밖에 있었는지 나는 모르거니와 하나님은 아시느니라) 그가 낙원으로 이끌려 가서 말로 표현할 수 없는 말을 들었으니 사람이 가히 이르지 못할 말이로다"

<고린도후서 12:2-4>

"내가 실로 몸으로는 떠나 있으나 영으로는 함께 있어서 거기 있는 것 같이 이런 일 행한 자를 이미 판단하였노라"

<고린도전서 5:3>

하나님의 가르침은

지혜자들의 말씀들은 찌르는 채찍들 같고 회중의
스승들의 말씀들은 잘 박힌 못 같으니 다 한 목자가 주신
바이니라 <전도서 12:11>

하나님의 가르침은 고통을 주기도 하지만 그만큼 유익
하고 필요한 것이다.

이 시대를 살아가는 가장 지혜로운 사람은 주님이 다
시 오실 때를 예비하여 신랑이신 예수님과의 혼인 잔치
를 준비하며 살아가는 것이다.

주님 다시 오실 때

"우슬초로 나를 정결하게 하소서 내가 정하리이
다 나의 죄를 씻어 주소서 내가 눈보다 희리이다"
<시편 51:7>

" 여호와께서 말씀하시되 오라 우리가 서로 변
론하자 너희의 죄가 주홍 같을지라도 눈과 같이
희어질 것이요 진홍 같이 붉을지라도 양털 같이

희게 되리라" <이사야 1:18>

　"해 돋는 데에서부터 해 지는 데에까지 여호와
의 이름이 찬양을 받으시리로다"

<시편 113:3>

　"골짜기마다 돋우어지며 산마다, 언덕마다 낮아
지며 고르지 아니한 곳이 평탄하게 되며 험한 곳
이 평지가 될 것이요 여호와의 영광이 나타나고
모든 육체가 그것을 함께 보리라 이는 여호와의
입이 말씀하셨느니라"

<이사야 40:4-5>

　"볼지어다 그가 구름을 타고 오시리라 각 사람
의 눈이 그를 보겠고 그를 찌른 자들도 볼 것이요
땅에 있는 모든 족속이 그로 말미암아 애곡하리니
그러하리라 아멘"

<요한계시록 1:7>

"아멘"

하나님을 경외하는 사람은

일의 결국을 다 들었으니 하나님을 경외하고 그의
명령들을 지킬지어다 이것이 모든 사람의 본분이니라
하나님은 모든 행위와 모든 은밀한 일을 선악 간에
심판하시리라 <전도서 12:13-14>

하나님을 경외하는 사람은 기도하는 사람이다. 기도하
는 사람만이 지혜와 영생을 얻을 수 있다.

선다싱은 기도를 통해서 우리의 생각과 행위가 어디를
향해야 하는지 명료하게 일깨워 주고 있다.

"성령을 들이마시는 행위가 기도다. 하나님께서
는 기도하는 사람에게 성령을 부어주신다.

기도하는 사람에게 성령을 가득 퍼부어 주시기
때문에 생령이 된다. 살아있는 영이 되었기 때문
에 절대 죽지 않는다. 왜냐하면, 기도를 통해서
성령님께서 영적인 폐에 성령을 불어넣어 주시기
때문에 절대 죽지 않는 것이다. 하나님이 주시는
영생의 원기로 가득 차게 된다.

하나님께서 구원과 성령을 무료로 베풀어 주시

므로 사람들이 가볍게 여기지만, 공기, 물, 열기, 빛만큼 필요한 것이다. 오직 기도하는 사람만이 지혜와 영생을 얻을 수 있다."

<선다싱의 예수님과 대화> 중

■ 저자 소개

정상조_ 시인, 주식전문가,

1999년 《예술광주》, 《문예연구》 시부문 신인문학상,
시집 『어치 가는 길』, 『아득한 손』, 『수묵화로 사는 나무
처럼』. 『부러진 나무의 눈빛들』, 증권저서 『4구간 기법』,
신앙과 주식에세이 『주식쟁이 아가서』, 『주식쟁이 전도
서』등. 경제방송 토마토TV, 팍스넷TV 고정 출연, 유튜
브 [응달책방] 고정 출연, [미래경제뉴스] 시 연재,

유튜브방송 https://www.youtube.com/@을매 운영
밴드 https://www.band.us/band/98665971 운영
이메일 wingjusj@naver.com

주식투자와 신앙이야기

주식쟁이 전도서

지은이 / 정상조
펴낸이 / 김윤환
펴낸곳 / 열린출판사
1판 1쇄 펴낸 날 ¦ 2025년 10월 15일
등록번호 / 제2-1802호
등록일자 / 1994년 8월 3일
주소 / 경기도 시흥시 하중로 203(3층)
전화 / 031-318-3330
팩스 / 050-4417-3892
이메일 / pomreview@daum.net
출판공급 / 열린출판디자인 02-2275-3892
2025ⓒ정상조

   * 이 책 출판비 일부는 저자의 시와 경제 지혜를 팔로워하는 독자들의 참여로 출판이 진행되었습니다.
   * 저자와의 협의에 의해 인지는 생략합니다.
   * 이 책은 전부 또는 일부 내용을 재사용하려면 저자와 출판사의 동의를 받아야 합니다.
   * 이 도서의 국립도서관 출판도서목록은 서지정보유통서비스시스템 홈페이지와 국가자료 공동목록시스템에서 이용하실 수 있습니다.

   ISBN 978-89-87548-65-4   (03810)
   값15,000원

필자는 1999년 등단한 26년 차 시인으로서 주식과 글쓰기를 병행하며 신앙과 문학 그리고 주식투자에 대한 특별한 경험을 쌓았다. 이번에는 아가서에 이어 전도서를 통해 주식투자에 대한 생각을 정리하게 되었다. 특히 인도의 성자 '선다싱의 예수님과 대화'와 함께 전도서를 묵상하였다. 하나님을 영적 기둥으로 삼아 건강한 경제활동을 할 수 있는 지혜를 깨달았고, 그 깨달음을 전도서 말씀에 따라 기술하였다. 하나님을 기뻐하며 일하는 자에게는 지혜와 지식을 주시어 더 풍성하게 열매 맺게 하고 희락을 주시지만, 괴로워하며 일하는 자는 하나님을 기뻐하지 않은 죄로 인하여 그가 쌓아놓은 것까지 하나님을 기뻐하는 자에게 돌아가도록 하신다. 나의 신앙과 주식에 대한 생각이 주식정보와 말씀을 동시에 듣고 생각하는 독자들에게 주식투자에 대한 신앙적 기준을 세우는 데 도움이 되기를 기대하는 바이다.

– 저자 서문 中

값 15000 원

03230

9 788987 548654

ISBN 978-89-87548-65-4